SALSA!-cahier 13

Pieter Willems (1840-1898)

Leven en werk van een veelzijdige Leuvenaar

De **SALSA! - cahiers** zijn een uitgave van
vzw SALSA! – *Samen Actief voor het Leuvens Stadsarchief*.
Het redactiecomité selecteert manuscripten en waakt over de homogeniteit van de reeks.
De onderwerpen zijn steeds verbonden met het archief, de geschiedenis en
het cultureel erfgoed van de Stad Leuven.

Omslagillustratie:
Marmeren buste van Pieter Willems, vervaardigd door Polydore Comein (Ieper 1848 – Schaarbeek 1907)
en opgesteld in de gang van de *Koninklijke Academie voor Nederlandse Taal- en Letterkunde*
te Gent.
(foto: R. Belemans)

Redactie en samenstelling: dr. Rob Belemans

Eindredactie: Marika Ceunen

Vormgeving en drukwerk: Peeters (Leuven)

Briefwisseling:
Stadsarchief, Rijschoolstraat 4/001 – 3000 Leuven
telefoon: 016/300869 – e-mail: archief@leuven.be

D/2015/0602/73
ISBN 978-90-429-3329-3

Pieter Willems (1840-1898)

Leven en werk
van een
veelzijdige Leuvenaar

Rob Belemans (red.)

Inhoud

Inleiding 7
(Marika Ceunen en Rob Belemans)

Maastricht

1. Pieter Willems' jeugd en opleiding 13
   (Régis de la Haye)

2. Willems als corresponderend lid van het (Koninklijk) Limburgs Geschied- en Oudheidkundig Genootschap (LGOG) te Maastricht 27
   (Henk Boersma)

Leuven

3. Professor Pieter Willems: Leuvens classicus en academicus 37
   (Jan Papy)

4. *Monsieur* Willems als vooraanstaand burger van Leuven 45
   (Marika Ceunen)

5. Pieter Willems als Vlaamsgezinde katholiek, bestuurder en netwerker 57
   (Rob Belemans)

Sint-Joris-Weert

6. Willems en het Biesenhof in Sint-Joris-Weert 77
   (Paul Coeckelbergh)

Willems' nalatenschap: de dialectenquête

7. Een korte rondleiding in het dialectmateriaal van Pieter Willems 85
   (Georges De Schutter)

8. De externe geschiedenis van het materiaal-Willems bij de KANTL (Willy Vandeweghe) 93

9. Het Maastricht cahier uit de dialectenquête Willems (Flor Aarts) 99

10. Het Leuvens dialect in 1885 en nu. Een poging tot vergelijking tussen het Willems-materiaal en het Leuvens Lexicon (Marcel Dujardin) 105

Bilan & vooruitblik

11. Pieter Willems (1840-1898): een 19de-eeuwse biografie als 21ste-eeuws erfgoed (Rob Belemans) 113

Bibliografie 115

Biogrammen van de auteurs 121

Afb. 1 – Portretschilderij van Pieter Willems, vervaardigd door de Leuvense kunstschilder Henri Otto. (KANTL - foto: Piet De Kersgieter)

Inleiding

Marika Ceunen en Rob Belemans

Filologen en archivarissen kunnen geslaagde huwelijken aangaan. Bijna 20 jaar nadat we dit een eerste keer met betrekking tot een historisch-wetenschappelijk thema konden bewijzen[1], was het ons onverwacht gegund om dat nog eens over te doen. De archivaris van ons beiden stootte in de zomer van 2013 bij het inventariseren van het dialectarchief uit de collectie Eugène Sprengers van het Leuvens stadsarchief op een oud maar verder ongeïndentificeerd 'schriftje met Leuvense dialectwoordjes'. Haar erfgoed-wederhelft met een dialectologisch onderzoeksverleden had bij de aanblik ervan slechts enkele tellen nodig om na ongeloof en euforie vooral tot het besef te komen dat dit een bijzondere én een belangrijke archiefvondst was. Wat Eugène Sprengers – duidelijk zonder het zelf ooit geweten te hebben, getuige daarvan het vraagteken achter de door hem op een post-itje genoteerde woorden 'omzetting ABN – Leives?' – tussen zijn eigen dialectaantekeningen bewaard had, bleek één van de 5 enquêteschriftjes van het materiaal Willems te zijn die al sinds de jaren 1950 spoorloos uit de collectie van de *Koninklijke Academie voor Nederlandse Taal- en Letterkunde* (KANTL) te Gent verdwenen zijn[2].

De stadsarchivaris lichtte het stadsbestuur in, de erfgoedwerker meldde het heugelijke nieuws via de vast secretaris aan de KANTL. Op 13 november 2013 organiseerde het stadsarchief samen met de *Academie van het Leuvens Dialect* een avond over het 'Leuvens dialect-cahierke van Willems' in de raadszaal van het stadhuis. Burgemeester Louis Tobback overhandigde het dialectologische kleinood symbolisch aan professor Willy Vandeweghe, de vast voorzitter van de KANTL. Symbolisch, want het enquêteschriftje bleef nog enkele maanden in het Leuvense archiefdepot om vanaf 27 april 2014, in het kader van de jaarlijkse Erfgoeddag nog enkele weken aan het publiek getoond te worden. Daarna keerde het schriftje na ruim 60 jaar vermist geweest te zijn terug naar Gent, om er de collectie van 348 andere enquêteschriftjes die samen het materiaal-Willems vormen opnieuw te vervoegen. Met dit happy end

1 Cf. CEUNEN 1997.

2 Voor alle duidelijkheid: Eugène Sprengers treft daarbij geen enkele schuld, in tegendeel. Uit de bewaarcontext van het enquêteschriftje, dat Sprengers in één map had geklasseerd samen met enkele andere documenten van de hand van Leo Goemans, valt met grote waarschijnlijkheid te concluderen dat het inderdaad deze Leuvense dialectoloog en vroegere secretaris van de KANTL is geweest die dit en de 4 andere, nog steeds ontbrekende schriftjes uit Leuven en omgeving ooit voor eigen raadpleging ontleend (en niet meer terugbezorgd) heeft.

had ook onze erfgoed-archief-samenwerking rond Willems kunnen eindigen. Maar de naam Pieter Willems bleef intrigeren; vooral ook omdat elke poging om op basis van zijn in 1909 gepubliceerde biografie in het Jaarboek van de KANTL iets meer over hem te vinden, aanvankelijk heel snel strandde. Het archief dat hij bij de decennialange uitoefening van zijn belangrijkste functies had gevormd, bleek telkens niet bewaard. Zo legde de brand die van 25 tot 27 augustus 1914 door het pas bezette Leuven raasde, niet alleen de Universiteitshalle (met daarin Willems' voormalige kantoor als secretaris van de universiteit) en het in de Vaartstraat gelegen Leuvense studentenhuis in de as; ook het archief van de vooroorlogse universiteit en dat van de Vlaamse studentenvereniging *Met Tijd en Vlijt* viel ten prooi aan de Duitse vlammen. Het archief van het *Davidsfonds* werd bij gebrek aan een eigen locatie in de beginperiode kennelijk bewaard bij drukker/uitgever Charles Peeters in de Naamsestraat, dat door een brand vernield werd. Willems' graf in Sint-Joris-Weert – eigenlijk de grafkelder van zijn schoonfamilie Henot – werd bij de aanleg van een parkeerterrein rond de Sint-Joriskerk in de jaren 1950 geruimd en het grafmonument verhuisde niet naar het nieuwe kerkhof maar verdween. De zoektocht naar rechtstreekse nazaten van Willems leek een hele tijd geen resultaat op te leveren. En ook in zijn geboortestad Maastricht bleek niet meteen iemand te vinden die meer wist over de man, wiens naam en levensdata in de zogenaamde professorenwijk achter het station op een straatnaambordje prijken. (Meer dan wat de korte aantekening in het boek van stadsarchivaris Blonden over de Maastrichter straatnamen vertelt[3].)

De karige informatie die we na eerste zoektochten dan toch vonden, riep bovendien soms meer nieuwe vragen op dan dat er antwoorden uit afgeleid konden worden. Bij zijn registratie in het Leuvense bevolkingsregister van 1856 staat vermeld dat hij op 8 april 1861 tot Belg genaturaliseerd was, maar een voetnoot in zijn biografie meldt dat een betwisting over zijn Belgische nationaliteit eerst op 7 februari 1877 – in Willems voordeel – beslecht werd met een arrest van het Hof van Beroep[4]. Bovendien noteerde de ambtenaar van de Leuvense burgerlijke stand in 1863 dat Willems een bewijs van vertrek uit Hasselt voorgelegde, maar daar blijkt hij niet in de bevolkingsregisters voor te komen. Verwarrend was ook de ambtelijke anomalie dat het huwelijk van Willems met zijn echtgenote Clémence Henot op dezelfde datum zowel in Leuven als in Sint-Joris-Weert in de registers van de burgerlijke stand geregistreerd bleek te zijn. Het sociale profiel van Willems' Maastrichtse ouders viel ook niet meteen te rijmen met de maatschappelijke posities die de leden van zijn Leuvens-Mechelse schoonfamilie bekleedden. Bovendien behoorde heel zijn aangetrouwde Belgische entourage tot de Franstalige bourgeoisie en adel, terwijl Willems' toespraken, vermeld in krantenverslagen over bijeenkomsten van het *Davidsfonds* en van *Met Tijd en Vlijt*, die hij beide decennialang als voorzitter leidde, hem duidelijk tekenden als een overtuigd maar gematigd voorvechter voor gelijke Vlaamse taalrechten. En er bleken ook zoveel uiteenlopende aspecten in Willems' toch relatief korte leven van 58 jaar samengebald te zitten: de pater familias van een gezin met negen kinderen, de academicus met een internationale renommée, de rechterhand van vier opeenvolgende universiteitsrectoren, de voorzitter/bestuurder van een hele reeks culturele en wetenschappelijke

3 Cf. BLONDEN 1933.

4 Cf. DE CEULENEER 1909, p. 214, voetnoot 1.

verenigingen, de grootgrondbezitter, bouwheer en eigenaar van tientallen huurhuizen in Leuven en bovenop dat alles de initiator en individuele uitvoerder van de eerste grote dialect-enquête in de zuidelijke Nederlanden. Er moet in die laatste decennia van de 19de eeuw nog veel tijd geweest zijn en Willems zelf heeft wellicht nooit tijd laten verloren gaan.

Zijn eigen werkijver, het feit dat hij zoveel tegelijk en op diverse fronten wist te verrichten en dat zijn cumulatie van functies en engagementen Pieter Willems gedurende de grootste helft van zijn leven in een uitzonderlijke positie heeft geplaatst, dat alles stond in schril contrast met zijn *Nachleben* bij de instellingen en organisaties waarvoor en via wie hij dit destijds allemaal gerealiseerd heeft. Zijn naam deed geen belletje meer rinkelen, laat staan dat er meteen naar iets concreets in de geschiedenis van de eigen instelling, vereniging of gemeente kon verwezen worden. Bijna 150 jaar na zijn dood was Willems' nagedachtenis nagenoeg volledig vervaagd. Het was deze vaststelling die ons stimuleerde om de onderneming op te zetten, die vanaf einde 2014 als projecttitel 'De eerste Nederbelg herdacht: Pieter Willems (1840-1898)' heeft meegekregen[5]. In de drie plaatsen waar Willems' leven zich in de tweede helft van de 19de eeuw afgespeeld heeft en bij alle instellingen en organisaties tot wiens geschiedenis hij behoort, begonnen we uit te nodigen voor en te stimuleren tot deelname aan een cultureel programma dat Willems' leven en werk opnieuw de aandacht zou moeten geven die ze verdienen. Als kapstok werd de 175ste verjaardag van zijn geboortejaar genomen, aangevuld met een mooie reeks andere jubilea: 150 jaar na Willems' eerste academiejaar als professor in Leuven, 140 jaar na de oprichting van het *Davidsfonds* en 130 jaar nadat hij zijn dialectenquête begon uit te voeren. Dit SALSA!-cahier, dat tegelijk dienst doet als herdenkingsboek bij de viering van 12 september 2015 in Leuven en Sint-Joris-Weert, is één onderdeel van de duurzame projectresultaten. Daarnaast zijn er twee gedenkstenen: een aan zijn woning in de Brusselsestraat 190 te Leuven en een aan zijn buitenverblijf, het Biesenhof te Sint-Joris-Weert. In het najaar van 2015 volgt er wellicht ook nog een gedenkplaat aan zijn geboortehuis in Maastricht. Meer tijdelijke projectonderdelen zijn/waren de projectwebsite (www.pieterwillems.eu), de academische zitting op 12 september 2015 in de promotiezaal van de KU Leuven en de kleine tentoonstelling die het stadsarchief vanaf die datum organiseert/-de met alle archiefstukken, objecten en beelden die het leven en werk van Pieter Willems documenteren en illustreren.

We zijn de auteurs bijzonder erkentelijk, omdat ze via hun boeiende en scherp gefocuste bijdragen aan dit SALSA!-cahier mee ervoor wilden zorgen dat het veelzijdige leven en de opmerkelijke realisaties van Pieter Willems vanuit de late 19de eeuw opnieuw tot de actualiteit zijn gaan behoren. Even grote dank gaat uiteraard ook naar alle partnerorganisaties die zich op heel uiteenlopende manieren geëngageerd hebben om het herdenkingsproject 'De eerste Nederbelg herdacht: Pieter Willems (1840-1898)' mee mogelijk te maken[6]. Onze bijzondere

5 Cf. de slotbeschouwing in dit boek voor een korte verklaring van deze projecttitel.

6 Aan Maastrichtse zijde: het *Koninklijk Limburgs Geschied- en Oudheidkundig Genootschap* – afdeling Maastricht, *Veldeke Krink Mestreech*, het *Regionaal Historisch Centrum Limburg*. In Oud-Heverlee: De *Geschied- en Heemkundige Kring Oud-Heverlee*, De Davidsfondsafdelingen Sint-Joris-Weert en Oud-Heverlee. In Leuven: de *KU Leuven*, het *stadsarchief Leuven*, de *Academie voor het Leuvens Dialect*. Op Vlaams niveau: Het *Davidsfonds cultuurnetwerk*, de *Koninklijke Zuid-Nederlandse Maatschappij voor Taal- en Letterkunde en Geschiedenis* en de *Koninklijke Academie voor Nederlandse Taal- en Letterkunde*.

erkentelijkheid gaat daarbij naar de KU Leuven – in de persoon van Jos Vaesen, directeur-generaal van het rectoraat en in die functie een opvolger van Pieter Willems –, naar de stad Leuven – in de personen van Denise Vandevoort, schepen van o.a. cultuur, en Dirk Vansina, schepen van o.a. monumenten – en naar de gemeente Oud-Heverlee – in de persoon van cultuurschepen Maggy Steeno. Zij zorgden voor de financiering waarmee het herdenkingsproject en dus ook de ontstaansreden en het presentatiekader voor dit dertiende SALSA!-cahier konden gerealiseerd worden.

Maastricht

Afb. 2 – Straatnaambord van de Maastrichtse Professor Pieter Willemsstraat. (foto: L. Belemans)

1. Pieter Willems' jeugd en opleiding

Régis de la Haye

"Treed dus, Willems, op den drempel
Van dien tempel,
Waar gezeteld is de magt
Van wat kennis geeft en kracht" [1].

Studax uit een verarmd ambtenarengezin

Pieter was het vierde kind van zeven in het gezin Willems. Zijn vader Jan Thomas Willems (1802-1848) begon zijn loopbaan in de voetsporen van diens vader, Henricus Hubertus Willems (1776-1853), als belastingambtenaar bij de gemeente Maastricht.

Het ouderlijk gezin van Pieter Willems moet men plaatsen in de lagere middenklasse. De familie was sterk verarmd. Twee generaties eerder behoorde ze nog tot de betere middenstand. Overgrootvader Thomas Willems (1736-1780), was afkomstig uit Aubel. De familienaam Willems werd daar de vernederlandsing van de naam Wiem (of Wiayme de Wadeleux), een familie uit het land van Herve. Hij was in 1774 burger van Maastricht geworden in het kremersambacht[2], en bezat een huis in de deftige Hoogbrugstraat (huidig nummer 48), waarvan zijn weduwe in 1808 nog eigenares was. Ook uit het feit dat hij na zijn overlijden begraven werd in de Sint-Martinuskerk van Wyck blijkt een zekere standing. Grootvader Henricus Hubertus, een generatie later, was dan nog wel handelaar in granen, *"marchand en grains"* of *"blattier"* en woonachtig in de Hoogbrugstraat, echter in een huurhuis (huidig nummer 17), maar al snel eenvoudig "cabarettier", en "poort-ontvanger der eerste klasse bij de plaatselijke belastingen". Toen hij op 77-jarige leeftijd overleed, woonde hij in bij zijn dochter Maria Agnes in de Muntstraat. Volgens zijn memorie van successie liet hij geen onroerende goederen na[3].

1 Strofe uit het huldegedicht dat rector Th. Verwaijen van het Maastrichtse Atheneum schreef en voordroeg ter ere van de afstuderende primus Pieter Willems bij de prijsuitreiking van het schooljaar 1857.

2 RHCL, Burgerboeken Maastricht, V, f. 645; VIII, f. 130.

3 RHCL, Memories van Successie, ressort Maastricht, gemeente Maastricht, op datum.

Afb. 3 – Midden op de foto het pand Hoogbrugstraat 48, eigendom van overgrootvader Thomas Willems (1776-1853). (foto: R. de la Haye)

Vader Jan Thomas Willems trad in 1824 in dienst bij de administratie van de (toen nog) eenheidsprovincie Limburg, die hem in haar belastingsdienst met de rang van "adjunct commies tweede klas" benoemde, voor "kopijwerk", met een jaarlijks tractement van *f* 500,-, dat in 1841 werd verhoogd naar *f* 600,-. Daarvóór werkte hij bij het "Bureau des Belastingen".

Na de vorming van het Koninkrijk der Nederlanden door het Congres van Wenen in 1815 werd uit delen van de departementen Nedermaas en Roer een nieuwe provincie gevormd met Maastricht als hoofdstad, die van koning Willem I de foutieve naam Limburg kreeg. In 1830 koos heel de provincie voor België, behalve de vestingstad Maastricht die, dank zij generaal Dibbets, trouw bleef aan Willem I, hoewel de plaatselijke bevolking deze trouw beslist niet deelde. Bij de definitieve vastlegging van de grens tussen Nederland en België na het scheidingstractaat van 19 april 1839, keerde het oostelijke deel van Limburg terug onder het gezag van Willem I, echter niet als een provincie, maar staatkundig als een hertogdom, tevens lid van de Duitse Bond, naar analogie van de eveneens opgedeelde provincie Luxemburg, die de status van groothertogdom kreeg. Feitelijk waren er voortaan twee provincies Limburg. Sommige Limburgers konden zich geen toekomst indenken onder Hollands bewind en emigreerden naar België. Daartoe behoorden overigens twee broers van Jan Thomas Willems, die al in 1839 kozen voor de Belgische nationaliteit, namelijk Henri Hubert Nicolas Willems, die zich als *"sellier en tapissier"* vestigde in Tongeren, en Antoine Pierre Hubert Willems, die als *"brigadier de lanciers"* naar Mechelen in de provincie Antwerpen vertrok[4].

Belastingambtenaar Jan Thomas Willems bleef met zijn gezin in Maastricht. Hij continueerde zijn beroepsactiviteit binnen de gouvernementele administratie, die nu definitief onderdeel werd van het Nederlandse Rijksbestuur in Den Haag. Boven de personeelslijst van belastingambtenaren van het jonge Nederlandse provinciebestuur voor het jaar 1839, waarop Jan Thomas Willems vermeld wordt, staat de vermelding: "te betalen uit de speciale begrooting van Maastricht & Sint-Pieter"[5]. Vanaf 1840 heeft de jaarlijkse loonstaat een gedrukt briefhoofd dat duidelijk maakt dat het provinciepersoneel met middelen van de Nederlandse Rijksoverheid werd betaald[6].

Op 11 juli 1832 trouwde Jan Thomas Willems met de elf jaar jongere en eveneens in Maastricht

4 BOS 1992, p. 18.

5 In Nederland werd het landelijke belastingssysteem in 1865 ingevoerd. Voordien was er alleen een stedelijke belastinginning, waarvan een deel naar de rijksoverheid ging.

6 De gegevens over zijn functie bij de provincie: RHCL, Provinciaal Bestuur van Limburg, inv. nr. 5087.

woonachtige Catharina Meesen. Haar vader was toen reeds op 37-jarige leeftijd overleden, en haar moeder, die toestemming moest geven voor het huwelijk van haar achttienjarige dochter, voorzag in het gezinsinkomen als "sociëteitshoudster". Reeds twee maanden na het huwelijk van Jan en Catharina werd het eerste kind, een dochter Maria, geboren. Deze bleef ongehuwd, en overleed op 21 september 1889, 57 jaar oud. Daarna volgde een zoon, Joseph, die op 29 juni 1854, op de leeftijd van 20 jaar, in militaire dienst te Samarang, op het eiland Java overleed. Dochter Clementine, geboren in 1836, werd religieuze in het klooster Onze-Lieve-Vrouw-ten-Troost in Vilvoorde, waar zij in 1917 op 81-jarige leeftijd overleed[7].

Als vierde kind werd op 6 januari 1840 geboren Petrus Gasparus Hubertus Willems. Als roepnamen vinden we in de bevolkingsregisters van Maastricht Petrus, Pierre of Pieter. Hij werd vernoemd naar zijn aangetrouwde oom, Petrus Lambertus Nijst, gouden zilversmid, die in 1839 gehuwd was met Maria Agnes Willems, de jongere zus van zijn vader, en die tevens zijn peetoom was. Zijn tweede voornaam Gasparus ontleende hij ofwel aan zijn geboortedag 6 januari (Driekoningen), ofwel aan zijn grootvader van moederszijde, Franciscus Caspar(us) Wilhelmus Meesen. Wat zijn derde voornaam betreft: vader Willems moet ofwel een specifieke devotie gehad hebben voor de H. Hubertus, want alle kinderen krijgen als tweede of derde voornaam Hubertus (voor de jongens) of Hubertina (voor de meisjes), ofwel heeft hij hiermee zijn vader willen eren. Zijn vader had blijkbaar als roepnaam Hubert. In Nederlands Zuid-Limburg is de roepnaam immers regelmatig de tweede of de laatste doopnaam. Hubert wordt in het Maastrichts "Bèr", maar "Bèr" kan ook van Lambert afgeleid worden. In de archieven wordt Henricus *Hubertus* Willems dan ook regelmatig verward met Henricus *Lambertus* Willems. Op de dag van zijn geboorte, 6 januari 1840, werd Pieter Willems gedoopt in de Sint-Nicolaaskerk, met als peetouders zijn oom van vaderszijde, Petrus Lambertus Nijst, echtgenoot van de zus van zijn vader, en Hubertina Ida Meesen, zijn tante van moederszijde.

Na Pieter worden er in het gezin Willems nog drie kinderen geboren: Elise, die ongehuwd overlijdt in Maastricht op 3 september 1918, 3 uur 's nachts, 76 jaar oud; Angeline, die trouwt met Fredericus Hendricus Antonius Dazert, genealoog, en in 1923 op 79-jarige leeftijd overlijdt; en Francisca, ongehuwd overleden in 1866, slechts 19 jaar oud.

Pieter Willems werd geboren op het adres Sint-Pieterstraat 564 (vanaf 1850 nummer 2679, heden nummer 37). Het was als wachthuis van de Pieterspoort een militair gebouw, eigendom van het Ministerie van Oorlog. Volgens de volkstelling van 1840 woonden er in hetzelfde huis vier gezinnen, in totaal 27 personen. Jan Thomas Willems, 37 jaar, woonde er met Josephina Meesen, 26 jaar, hun kinderen Joseph, 5 jaar, Maria, 7 jaar en Clementina, 3 jaar, samen met grootvader Hendrik Hubert Willems, 64 jaar, ontvanger bij de belasting[8].

Het oorspronkelijke geboortehuis van Pieter Willems bestaat overigens niet meer, evenmin de Pieterspoort. Tegenwoordig staat op deze plek het zogenaamde "Poortwachtershuis", oftewel het "Huis met de Klok".

Kort na de geboorte van het jongste meisje werd het gezin Willems zwaar op de proef gesteld, toen vader Jan Thomas op 26 oktober in zijn 46e levensjaar overleed. Hij werd, voorzien van de laatste sacramenten, in de Onze-Lieve-Vrouwekerk begraven met een uitvaart van de 2e klasse[9]. Ondertussen woonde de familie op het adres Heyenstraat 864 (heden Maastrichter Heidenstraat 5). De oudste dochter

7 Gegevens ontleend aan haar bidprentje, aanwezig in het archief van de Karmel in Boxmeer (met dank aan Antoine Jacobs). Zie ook : BIESEMANS 2006.

8 RHCL, Volkstelling Maastricht 1840 (roepnamen naar de volkstellingen).

9 RHCL, Archief parochie Onze Lieve Vrouw, Maastricht, inv.nr. 194, op datum.

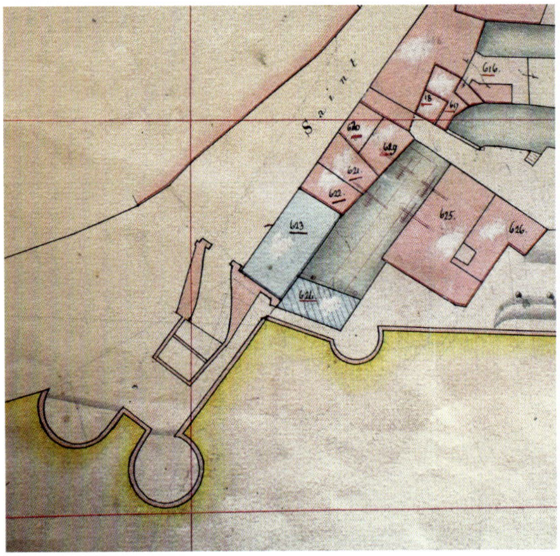

Afb. 4 – Detail uit het kadastrale minuutplan de Maastricht, Sectie B, blad 6 (ca. 1840). Detail van de Sint Pieterspoort en de gebouwen aan de stadzijde van de poort. De nummers 623 en 624 staan op naam van het Ministerie van Oorlog, nr. 623 als "wachthuis", nr. 624 als bergplaats. Acher het pand 623 en onder het pand 624 stroomt de rivier de Jeker (RHCL, kadastrale minuutplans).

Afb. 5 – De Pieterspoort van Maastricht (stadzijde), met links het originele geboortehuis van Pieter Willems (RHCL, fotocollectie Gemeentearchief, nr. 5213).

Afb. 6 – De Pieterspoort van Maastricht (stadzijde), met links het geboortehuis van Pieter Willems. Tekening toegeschreven aan Philippus van Gulpen, ca. 1840. (RHCL, collectie Van de Noordaa, 178).

Afb. 7 – Joannes Thomas Willems, vader van Pieter Willems, overleed op 25 oktober 1848, op 45-jarige leeftijd, in dit pand aan de Maastrichter Heidenstraat 5, waar de familie toen woonde. (foto: R. de la Haye)

Afb. 8 – Bij de volkstelling van 1850 woont de familie Willems in het pand Achter het Vleeshuis 39 (midden op de foto). (foto: R. de la Haye)

was toen net zestien geworden, de kleine Pieter was acht, de jongste, Francisca, was net anderhalf jaar.

Families die geen eigen huis bezaten, verhuisden in de 19^e eeuw veelvuldig. Zo ook de familie Willems. Bij de geboorte van de eerste twee kinderen (Maria en Joseph), in 1832 en 1834, woont de familie aan het Onze-Lieve-Vrouweklooster. Bij de geboorte van Clementina, in 1836, wonen ze Langs het Vrijthof. Bij de geboorte van Pieter, Elisa en Angelina, in 1840, 1842 en 1844, wonen ze in het zojuist genoemde Poortwachtershuis bij de Pieterspoort. Bij de geboorte van de laatste, Francisca, in 1847, wonen ze Maastrichter Heidenstraat 5.

Bij de volkstelling van 1850 woont de familie in het pand Achter het Vleeshuis 2791 (heden nummer 39)[10]. Hier staat overigens aangetekend dat Joseph Willems is overleden in Samarang (Java), en dat verklaart weer de vermelding bij de oproep voor militaire dienst van Pieter Willems. Hij was immers al in Leuven, toen hij bij de lichting van 1859 werd opgeroepen voor zijn militaire dienstplicht. In de militieregisters van de provincie Limburg staat hij te boek als student, met als signalement: "1,65 m, aangezicht

10 RHCL, Volkstelling Maastricht 1850, Reg. 14, blad 2747.

Afb. 9 – Bij de volkstelling van 1860 woonde de familie Willems in de Helstraat (tegenwoordig Sint-Bernardusstraat geheten) op nummer 12, heden een prominent Belgisch restaurant. (foto: R. de la Haye)

Afb. 10 – Catharina Josephina Meesen, de moeder van Pieter Willems, overleed op 15 oktober 1880, als winkelierster in de Grote Staat, in het witte pand links op de foto, waarop nog de gevelsteen In den Pelicaen prijkt. (foto: R. de la Haye)

ovaal, voorhoofd gewoon, ogen bruin, neus gewoon, mond idem, kin gekuild, haar en wenkbrauwen bruin". Op 18 maart 1859 wordt hij definitief vrijgesteld. In de kolom "Aanmerkingen" staat nog genoteerd: "Certificaat afgegeven 13 april 1861. 7 sept. 1867"[11]. De aanvragen van twee certificaten betekenen blijkbaar dat Pieter Willems in België het bewijs heeft moeten leveren dat hij aan zijn dienstplicht had voldaan. Wellicht voor zijn naturalisatie?

Enkele jaren later, bij de volkstelling van 1860, woont het gezin Willems in de Helstraat (het was de straat van de prostituees, die uit pudibonderie in 1926 werd herdoopt tot Sint-Bernardusstraat), op nummer 2628 (heden nummer 12)[12].

Moeder Catharina Josephine Meesen staat in 1875 te boek als winkelierster, Grote Staat 1827 (heden nummer 41)[13]. Daar overleed zij – drie dagen voor haar 68^e verjaardag – op 15 oktober 1880 om half drie 's nachts. Op 18 oktober (!) kreeg zij in de Sint-Servaaskerk een dure uitvaart in de

11 RHCL, Provinciaal Archief, inv.nr. 9542.

12 RHCL, Volkstelling Maastricht 1860, Reg. 17, blad 3327.

13 ADRESBOEK 1875, p. 93.

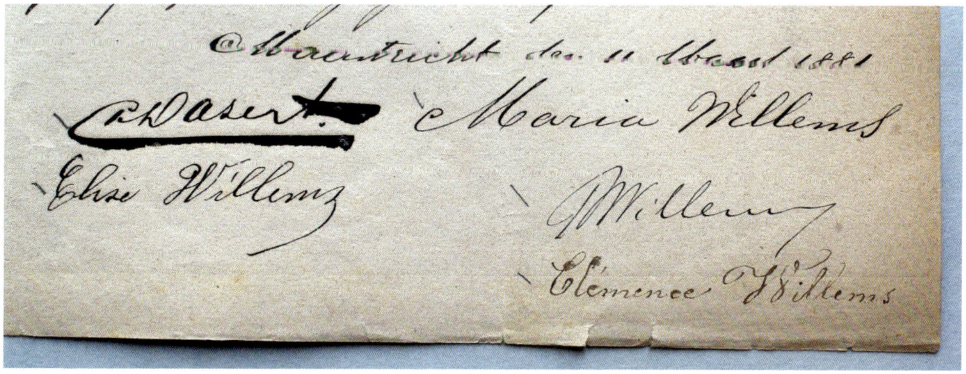

Afb. 11 – Handtekeningen van de kinderen en schoonzoon van Catharina Meesen, weduwe Willems onder haar memorie van successie, opgemaakt op 11 maart 1881. Van links naar rechts en van boven naar beneden: Dazert (echtgenoot van Angelina Willems), Maria Willems, Elise Willems, P. Willems, Clémence Willems (RHCL, Memories van Successie).

1e klasse[14]. Maar er was geen erfenis te verdelen. Na haar overlijden werd een memorie van successie opgemaakt door de vijf nog levende kinderen. Daarin verklaren Frederik Dazert, negociant te Maastricht, in huwelijk met Angelina Willems; Maria Willems, ongehuwd, wonende te Maastricht; Elisa Willems, ongehuwd, wonende te Maastricht; Clemence Willems, religieuze te Vilvoorde; Pierre Willems, professor te Leuven, dat hun overleden moeder haar vijf kinderen ieder voor een vijfde *ab intestato* haar goederen heeft nagelaten, slechts bestaande uit meubels, ter waarde van *f* 285,-. De akte wordt door de vier kinderen en de schoonzoon ondertekend[15].

Arme leerlingen

Over Pieters lagere-schooltijd weten we helaas niets. Maar zijn intellectuele capaciteiten, die tijdens heel zijn leven sterk bepalend zijn geweest, hebben op elfjarige leeftijd zijn verdere levensweg blijvend bepaald. In 1851 werd hij immers uitverkoren om voortgezet onderwijs te gaan volgen aan de meest prestigieuze school van Maastricht: het Atheneum. Uitverkoren, want Willems was één van de in totaal zes leerlingen die in de eerste afdeling van de school, de Latijn-Griekse afdeling, werden toegelaten zonder schoolgeld te moeten betalen. Voor Pieter Willems was daar ook alle reden toe. Hij was een weeskind, en zijn moeder een hulpbehoevende weduwe met nog zes opgroeiende kinderen thuis.

Eenzelfde moeilijke thuissituatie was er bij zijn klasgenoot Jan Antonie Zeegelaar. Ook hij kwam uit een hulpbehoevende familie aan de onderkant van de toenmalige samenleving. Zijn vader, Jan Zeegelaar, geboren in Werkendam, was een eenvoudig soldaat, "sergent majoor fortificatie opzichter der 2e klasse", en werd regelmatig verplaatst. Soldaat was toen, eufemistisch gesproken, het minst aanzienlijke beroep. Jan Antonie heeft zijn vader nooit gekend, want deze overleed in 's-Hertogenbosch op 25 augustus 1840, twee weken na zijn geboorte, op 45-jarige leeftijd. Moeder Ida Zeegelaar-Diederichs ging als weduwe met haar kleine kinderen terug naar Maastricht, en vond blijkens de volkstelling van Maastricht van 1850 met haar vijf kinderen onderdak bij haar moeder in de Raamstraat.

14 RHCL, Archief parochie Sint-Servaas, Maastricht, inv.nr. 1563, op datum.

15 RHCL, Memories van Successie, ressort Maastricht, gemeente Maastricht, op datum.

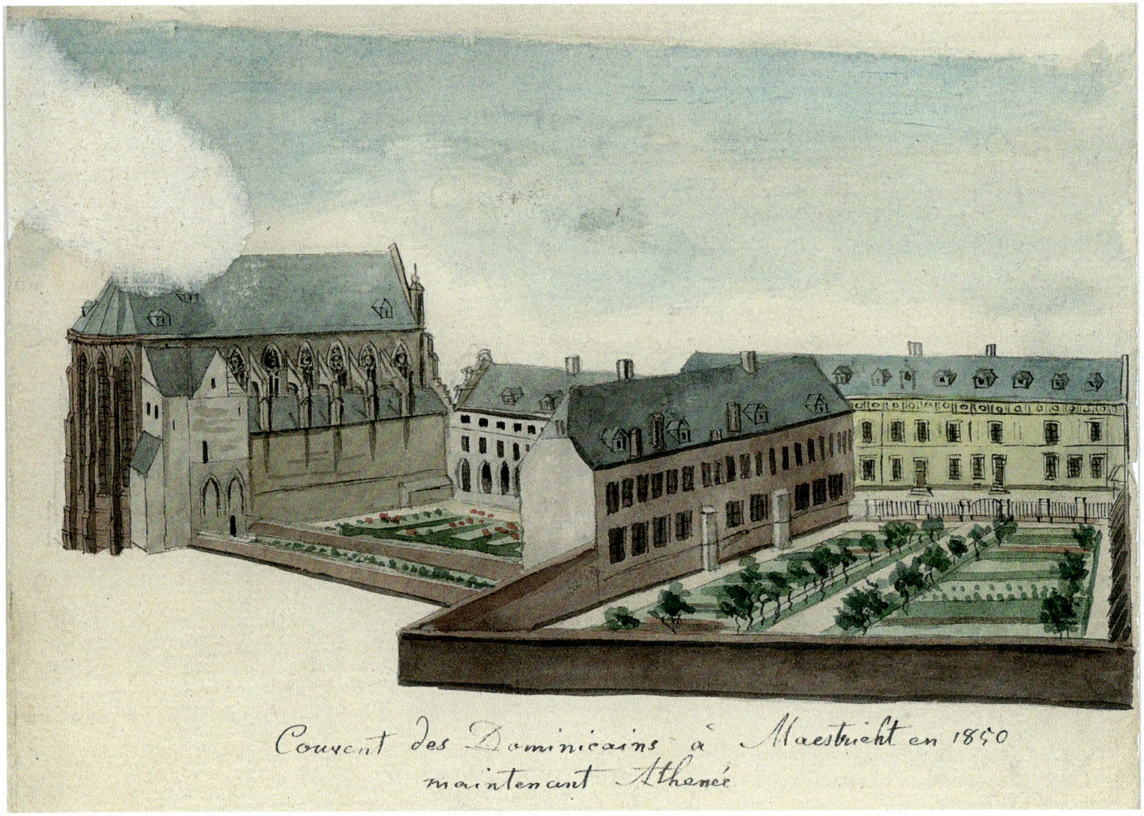

Afb. 12 – Het Atheneum van Maastricht in 1850, dus één jaar voordat Pieter Willems er zijn humaniora begon. Het was gevestigd in de gebouwen van het voormalige klooster van de Dominicanen. Tekening toegeschreven aan Philippe van Gulpen. (RHCL)

Humaniora aan het Atheneum van Maastricht

Bij zijn aanstelling tot rector van de eerste afdeling van het Atheneum in 1855 begon dr. Th. Verwaijen met een nieuw leerlingenregister, waarin per klas de leerlingenlijsten en -resultaten tot en met het schooljaar 1871-1872 werden opgetekend. Gelukkig maakt dit document nog deel uit van het onvolledig bewaard gebleven archief van de school. Op de allereerste bladzijde noteerde de rector: "N.B. De 1[e] Afdeeling mag zes leerlingen hebben die kosteloos onderwijs genieten". Op 22 september 1855 begon Pieter Willems aan zijn poësisjaar als een van de zeven leerlingen van de toenmalige tweede klas. Achter zijn naam staat de aantekening "geniet gratis onderwijs", die ook het jaar nadien bij zijn inschrijving voor de retoricaklas herhaald wordt. Daar krijgen we echter nog iets anders bevestigd: Willems was gedurende zijn zes jaar aan het Maastrichtse Atheneum een *primus perpetuus* (ieder jaar eerste van de klas) en studeerde dan ook *summa cum laude* af[16]. Die even uitmuntende als exceptionele schoolprestaties worden ook in de biografie van De Ceuleneer aangehaald: "Gedurende heel zijnen studietijd bekwam

16 RHCL, Archief Ecole Secondaire, College en Koninklijk Atheneum (1804-1864) en Industrieschool (1848-1864) Maastricht, inv. nr. 349.

Willems altijd den eersten algemeenen prijs; en, op 30 Juli 1857, werd hem, bij het voltrekken zijner studiën de hoogste onderscheiding, namelijk de rozenkroon, toegekend. Hij ontving ze uit de handen van den Commissaris des Konings. Willems sprak eene Latijnsche redevoering uit en de Director Verwagen begroette den primus perpetuus met een Nederlandsch gedicht. De kroon wordt heden nog zorgvuldig door de familie bewaard" [17].

Ook de zaterdagskrant *Le Courier de la Meuse* (1851-1892), die in Maastricht populair was bij het Franstalige deel van de bevolking, wijdde aan deze bijzondere prijsuitdeling van het Atheneum een korte bijdrage in haar editie van 1 augustus 1857:

> *"La distribution solennelle des prix aux élèves de l'athenée royal de cette ville a eu lieu hier avec le cérémonial habituel. Un public nombreux et choisi assistait à cette fête, honorée de la présence de M. le Commissaire du Roi et de plusieurs autres autorités. Le discours latin a été prononcé par un jeune homme de Maestricht, P. Willems, premier prix de Rhéthorique. La distribution des prix se distinguait cette fois par une circonstance toute particulière, qui ne s'était plus présentée depuis bien longtemps : le premier prix de l'Athenée, comme nous l'avons dit plus haut, a été remporté par l'élève P. Willems ; or ce jeune homme, qui est en même temps un modèle de conduite, a toujours été le premier de sa classe et dans toutes les branches de l'enseignement ; il a donc reçu, d'après l'usage, la Couronne de fleurs de la main de M. le Gouverneur de la province qui lui a adressé à cette occasion une allocution. M. le Directeur de l'Athenée lui adressa, à son tour, des félicitations bien senties et exprimées en beaux vers hollandais. A la vue de ce spectacle touchant l'émotion du public était à son comble, elle éclata en applaudissement frénétiques qui se faisaient encore entendre après que le lauréat distingué eut regagné sa place"* [18].

De uitstekende eindresultaten van Pieter Willems verwonderen ons niet bij het zien van de schoolresultaten. In het archief van het Atheneum zijn namelijk de rapportcijfers van Pieter Willems (en van zijn klasgenoot Jan Zegelaar) bewaard van de 6e tot en met de 3e klas,[19] vanaf het schooljaar 1851/52 tot en met het schooljaar 1854/55. De rapportcijfers werden iedere maand gegeven. In de 6^e klas stonden op het programma de vakken Latijnse taal, Nederduitse taal, Franse taal, geschiedkunde, Aardrijkskunde en rekenkunde. Punten werden gegeven voor "naarstigheid" van 1 (uitmuntend) tot 6 (slecht), voor "vorderingen" van 1 (uitmuntend) tot 9 ("geene"), en voor "gedrag", eveneens van 1 tot 6. In de punten die Pieter Willems krijgt zien we in de loop der jaren een stijgende lijn. In de 6^e klas krijgt hij voor Frans een 2, voor Latijn een 2 en voor Nederduits een 2 (2 staat overigens nog altijd voor "zeer goed"), maar verder alleen maar rapportcijfers 1 ("uitmuntend"). Jan Zegelaar is tweede, hij krijgt meer cijfers 2[20]. In de 5^e klas komen er enkele vakken bij: Griekse taal en fabelleer. Voor Frans en rekenkunde haalt Willems een 2, verder alleen maar cijfers 1[21]. In de 4^e klas vervalt tekenkunde en komt er een vak bij: meet- en stelkunde. Voor "naarstigheid" krijgt Pieter Willems veel punten 1, af en toe een 2, en maar tweemaal een 3 (bij "geschiedkunde"), bij "vorderingen" meestal een 1, af en toe een 2, en slechts tweemaal een 3 ("geschiedkunde"), voor Franse taal, aardrijkskunde en meet- en stelkunde doorgaans een 2. Maar in het tweede halfjaar haalt hij betere punten: een stortvloed aan cijfers 1. Jan Zegelaar scoort in dat jaar bijna overal een 2[22]. In het 3^e jaar vervalt het vak fabelleer. De resultaten van Pieter Willems worden nog beter, hij scoort praktisch overal een 1; slechts voor meet- en stelkunde krijgt hij een 2. Jan Zegelaar heeft een meerderheid aan rapportcijfers 2. Niet iedereen was zo ijverig als de twee besten van de klas. Josephus Defooz oogst in dat jaar een reeks rapportcijfers 9 voor Grieks en voor meetkunde (9 betekent:

17 DE CEULENEER 1909, pp. 215-16.

18 DE CEULENEER 1909, p. 216.

19 De nummering van de klassen volgt het terugtellende 'Franse' systeem.

20 RHCL, archief Atheneum, inv.nr. 361a.

21 RHCL, archief Atheneum, inv.nr. 362b.

22 RHCL, archief Atheneum, inv.nr. 363c.

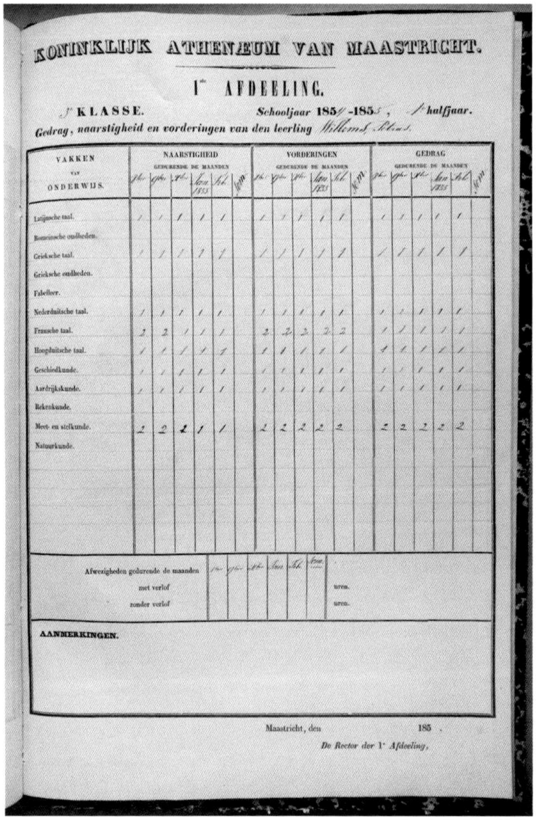
KONINKLIJK ATHENÆUM VAN MAASTRICHT.

1e AFDEELING.

3e KLASSE. Schooljaar 1854-1855, 1e halfjaar.

Gedrag, naarstigheid en vorderingen van den leerling Willems, Petrus.

VAKKEN VAN ONDERWIJS.	NAARSTIGHEID GEDURENDE DE MAANDEN						VORDERINGEN GEDURENDE DE MAANDEN						GEDRAG GEDURENDE DE MAANDEN					
	8bre	9bre	Xbre	Jan 1855	Feb.	Som	8bre	9bre	Xbre	Jan 1855	Feb.	Som	8bre	9bre	Xbre	Jan 1855	Feb.	Som
Latijnsche taal.	1	1	1	1	1		1	1	1	1	1		1	1	1	1	1	
Romeinsche oudheden.																		
Grieksche taal.	1	1	1	1	1		1	1	1	1	1		1	1	1	1	1	
Grieksche oudheden.																		
Fabelleer.																		
Nederduitsche taal.	1	1	1	1	1		1	1	1	1	1		1	1	1	1	1	
Fransche taal.	2	2	1	1	1		2	2	2	2	2		1	1	1	1	1	
Hoogduitsche taal.	1	1	1	1	1		1	1	1	1	1		1	1	1	1	1	
Geschiedkunde.	1	1	1	1	1		1	1	1	1	1		1	1	1	1	1	
Aardrijkskunde.	1	1	1	1	1		1	1	1	1	1		1	1	1	1	1	
Rekenkunde.																		
Meet- en stelkunde.	2	2	2	1	1		2	2	2	2	2		2	2	2	2	2	
Natuurkunde.																		

Afwezigheden gedurende de maanden
met verlof uren.
zonder verlof uren.

AANMERKINGEN.

Maastricht, den 185 .
De Rector der 1e Afdeeling,

Afb. 13 – In het schooljaar 1854-1855 zat Pieter Willems in de 3e klas. Zijn puntenlijst over het eerste halfjaar bevat bijna uitsluitend de hoogste punten (RHCL)

géén vorderingen)[23]. De rapportcijfers van de twee laatste jaren zijn jammer genoeg niet bewaard gebleven. Maar wat Pieter Willems betreft, is het beeld duidelijk.

Dat zijn klassieke humaniora-opleiding aan het Atheneum bij Willems een grote bewondering voor en een wetenschappelijke belangstelling in de geschiedenis en literatuur van de klassieke oudheid deed ontstaan, staat buiten kijf. Het Atheneum had de reputatie om zijn leerlingen – en met name die van de klassieke afdeling – een uitstekende voorbereiding te geven op een universitaire studie. Mede met dat doel voor ogen werd er ook veel aandacht besteed aan het verwerven van een degelijke kennis van het Frans[24]. Het algemeen reglement van het Atheneum uit 1847 bepaalde: "In het algemeen wordt tot het geven van het onderwijs geene andere dan de Nederduitsche taal gebezigd"[25]. Maar in het eerste en tweede leerjaar waren er ook twee uur Franse les per week; vanaf het derde jaar drie en in het laatste jaar zelfs vier[26]. Bovendien waren er, op het Maastrichts Atheneum, met klassen van slechts 10 leerlingen, ideale onderwijsomstandigheden.

Zeker als beste leerling van alle klassen vertrok Willems dus in oktober 1857 met een stevige basiskennis en uitzonderlijke intellectuele capaciteiten naar de Katholieke Universiteit van Leuven om er zijn klassieke studies aan te vatten. Hij ging samen met zijn klasgenoot Jan Zegelaar, die zijn studie aan het Atheneum had beëindigd met de waardering *magna cum laude*[27].

De studiebeurs Mathias Wijnants

Uit de vermelding in het schoolregister over Pieter Willems en zijn klas- en stadsgenoot Jan Zeegelaar: "beide zijn te Leuven gaan studeeren", zou men kunnen concluderen dat Leuven hun eigen keuze was, maar de mogelijkheid om aldaar te studeren danken beiden aan de studiebeurs van Mathias Wijnants.

Deze zoon van Paulus Wijnants en Elisabeth Louvrix werd op 16 april 1672 priester gewijd, en

23 RHCL, archief Atheneum, inv.nr. 364d.

24 "Op het Atheneum werd naast het onderwijs in klassieke talen aandacht besteed aan Frans en Duits. Er werden aanzienlijk meer uren Frans gegeven dan Duits. [...] Voor de beter gesitueerden was het haast vanzelfsprekend dat er aandacht besteed werd aan Frans in het onderwijs. Vooral voor diegenen, die een vervolgstudie op het oog hadden aan een van de zuidelijke universiteiten, was de kennis van het Frans onontbeerlijk." (KESSELS-VAN DER HEIJDE 2002, pp. 159-160).

25 Idem: p. 157.

26 Idem: p. 158.

27 RHCL, Archief Atheneum, inv.nr. 349.

vervolgens kapelaan van het kapittel van Sint-Servaas[28]. Op 10 juli 1684 werd hij kanunnik in de prebende van Henri du Mont, de bekende musicus die zijn carrière eindigde aan het hof van de Franse koningen. Mathias Wijnants overleed op 15 januari 1709, op de leeftijd van 66 jaar, en werd begraven in de Sint-Servaaskerk, in de kapel van de H. Christophorus.

Op 6 april 1705 maakte hij bij notaris Johan Wijnand Delahaye zijn testament op, waaraan op 6 januari 1709 nog een codicil werd toegevoegd[29]. Bij die gelegenheid stichtte hij met het grootste deel van zijn nalatenschap "eene vaste ende euwige fundatie van soo veele beurssen", aan één van de vier pedagogische hogescholen (pedagogieën) van de *artes*-faculteit van de universiteit van Leuven, een studiebeurs, bedoeld om voor jeugdige Maastrichtenaren mogelijk te maken filosofie te studeren.

De kandidaten voor de beurs moesten zijn "eerlijke, deugdzame en wettige burgerskinderen deser stadt Maestricht", katholiek, van ouders die niet in staat waren hun kinderen filosofie te laten studeren in Leuven. De beurs gold voor twee jaar. De *bursarius* moest iedere dag, ter intentie van de stichter, het officie van de overledenen bidden met één nocturne, en op de dag van Allerzielen het gehele officie met de drie nocturnen. Als executeurs van zijn testament en als collators van de stichting benoemde Mathias Wynants de pastoor van de parochie van de H. Mathias, toen residerende in de Sint-Catharinakerk, en de pastoor van de Sint-Jan, toen residerende in de Sint-Jacob. De vacante beurzen moesten worden afgekondigd in hun beider kerken, alsmede in de Sint-Martinuskerk van Wyck en in de kerk van de H. Nicolaas (de parochiekerk van de Onze-Lieve-Vrouw), zes weken vóór Sint-Remigius (1 oktober).

In 1797 werd de universiteit van Leuven door de Franse overheid gesloten, maar de toenmalige rentmeester, Henri Guillaume Crahay, bleef de beurs beheren, waarvan de gelden ten goede kwamen aan het openbaar middelbaar onderwijs te Maastricht.

Na de Franse tijd werd de studiebeurs weer opgericht. Bij K.B. van 26 december 1818 (Staatsblad n° 48) werden per 1 januari 1819 alle goederen en renten van beurzenstichtingen teruggegeven aan de betreffende administratoren, weliswaar in gewijzigde vorm, namelijk met een strak overheidstoezicht. Aan de collatoren van de beurs, de pastoors van de parochies van Sint-Servaas en van Sint-Mathijs, werd nu de katholieke burgemeester van Maastricht toegevoegd, of anders de eerste in rang van de gemeenteraad[30]. In 1819 werd het college van begevers ook uitgebreid met twee leden van de rechtbank, die tot provisoren werden aangesteld. Dikwijls moest na verkregen toestemming van de zijde van provisoren nog de toestemming van het Provinciaal Bestuur en van de Minister van Onderwijs en de Kroon worden gevraagd. Het eerste was vereist bij veranderingen in het roerend en onroerend bezit, het laatste bovendien nog bij wijzigingen in de organisatie.

Vanaf 1839, na de Belgische afscheiding, was Leuven plots een buitenlandse universiteit. Dit bleek van grote invloed op de aanmeldingen voor de beurs. Op 31 december 1849 constateert de vergadering van de stichting dat er al geruime tijd bedenkingen zijn tegen het feit dat de beurs uitsluitend gold voor de universiteit van Leuven, maar dat men eigenlijk ook aanvragen voor andere hoger onderwijsinstellingen, bijvoorbeeld het bisschoppelijk seminarie van het vicariaat Roermond, Rolduc, zou willen honoreren[31]. Apostolisch vicaris Paredis had in een brief van 5 november 1846 hier al op aangedrongen: "Ik zou liever zien dat die beurs in ons Seminarie (Rolduc) kan genoten worden". Op 30 maart 1850 wordt dan ook door het bestuur een verzoek ingediend bij de minister van Binnenlandse Zaken, maar de motivatie

28 P. DOPPLER 1939, p. 254.

29 De minuut van deze akte is niet aanwezig in het archief van notaris Johannes Wynand de la Haye. Het origineel bevindt zich in het archief Beurzenstichting Mathias Wijnants, inv.nr. 244.

30 RHCL, Archief Beurzenstichting Mathias Wijnants, inv.nr. 4.

31 RHCL, Archief Beurzenstichting Mathias Wijnants, inv.nr. 32.

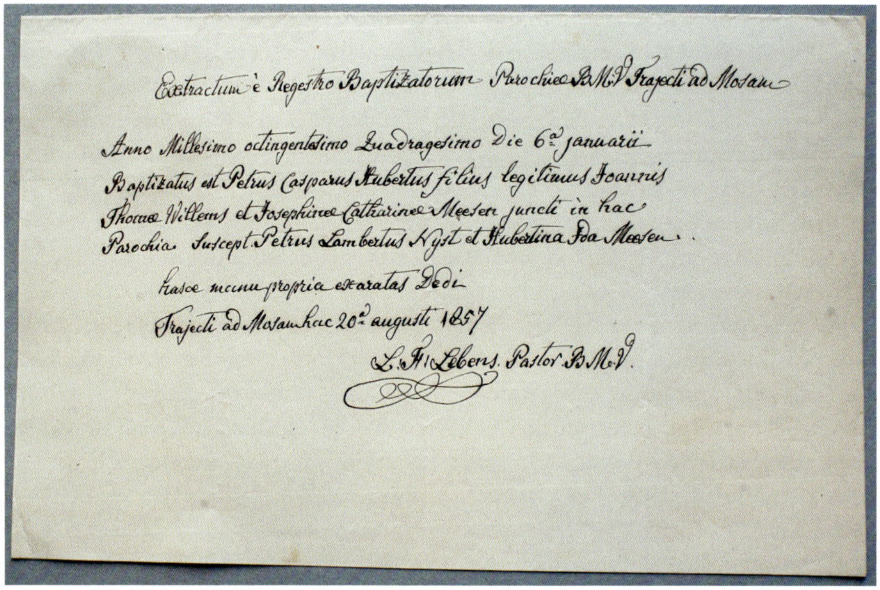

Extractum è Registro Baptizatorum Parochiae B.M.V. Trajecti ad Mosam

Anno Millesimo octingentesimo Quadragesimo die 6a januarii
Baptizatus est Petrus Casparus Hubertus filius legitimus Joannis
Thomae Willems et Josephinae Catharinae Meesen juncti in hac
Parochia. Suscept. Petrus Lambertus Nyst et Hubertina Ida Meesen.

hasce manu propria exaratas Dedi
Trajecti ad Mosam hac 20a augusti 1857
L. H. Lebens. Pastor B.M.V.

Afb. 14 – Doopbewijs van Pieter Willems, opgemaakt door pastoor Lebens van de Onze Lieve Vrouwekerk, ingeleverd bij het bestuur van de Studiebeurs Mathias Wynants (RHCL)

is hier geheel anders, en beoogt de nationalistische snaar van de minister te bespelen. Leuven is "eene buitenlandsche Universiteit", en sinds 1842 leert de ervaring "dat bij de bedoelde studenten, door het in aanraking komen met vreemde beginselen en leeringen, de hen ingescherpte gevoelens van nationaliteit en nationale waarde worden verdoofd, maar bovendien nog dat dezulken, welke eenen meer dan gewonen aanleg bezitten, in Belgie worden teruggehouden en geplaatst, en alleen middelmatige talenten naar herwaarts terugkeeren". Maar de minister laat zich niet overtuigen. Bij schrijven van 2 april 1850 blijft hij bij de strikte toepassing van de wilsbeschikking van de stichter, dus een studie aan de universiteit van Leuven[32]. Op 22 juni 1854 berekenen de begevers van de studiebeurs, in vervolg op hun aanvraag van 1849, dat van de 35 *"beursiers"* die sinds 1842 in Leuven zijn afgestudeerd, er 21 een ambtsbetrekking in België hebben gekregen of binnenkort gaan krijgen, en zich hebben laten naturaliseren. Vijf studeerden er nog, en slechts negen zijn teruggekeerd naar Maastricht[33].

Pieter Willems naar Leuven

In de vergadering van 18 september 1857 van de begevers van de studiebeurs wordt besloten aan Petrus Casparus Hubertus Willems, Joannes Antonius Zeegelaar en Laurentius Hubertus Keulen per 1 oktober een beurs van *f* 300,- per jaar te verlenen "voor de beoefening der wijsbegeerte aan de R.C. Universiteit te Leuven", met als termijn 1 oktober 1859[34].

Jan Antonie Zegelaar was, zoals gezegd, geboren in 's-Hertogenbosch, en het is heel opmerkelijk dat

32 RHCL, Archief Beurzenstichting Mathias Wijnants, inv.nr. 32 en 33.

33 RHCL, Archief Beurzenstichting Mathias Wijnants, inv.nr. 37; inv.nr. 278.

34 RHCL, Archief Beurzenstichting Mathias Wijnants, inv.nr. 40; inv.nr. 107.

steevast Maastricht wordt vermeld als zijn geboorteplaats, zowel in de registers van het Atheneum als in de bevolkingsregisters van de gemeente Maastricht. Want eigenlijk, als niet geboren Maastrichtenaar, had hij geen recht op de studiebeurs Mathias Wijnants. Het is dus niet duidelijk welke de overwegingen van het bestuur van de studiebeurs zijn geweest. Van iedere kandidaat werd immers een doopbewijs gevraagd, waaruit moest blijken dat hij geboren Maastrichtenaar was; Pieter Willems heeft inderdaad een doopbewijs ingeleverd (zie Afb. 14), en een doopbewijs van Jan Zeegelaar ontbreekt ten enen mal in het dossier van de studiebeurs over 1857[35].

Normaliter zouden Pieter Willems en Jan Zegelaar de studiebeurs van Mathias Wijnants slechts voor twee jaar hebben gekregen. Ze kregen echter verlenging. Er waren namelijk in Maastricht steeds minder kandidaten voor een filosofiestudie in Leuven, en de begevers van de beurs hadden dat al langer aanhangig gemaakt bij de toezichthoudende instanties. Al in 1854 werden er, zoals gezegd, berekeningen naar voren geschoven over de grote aantallen bursalen die uiteindelijk na hun studie in België bleven. Nog op 29 oktober 1858 vroegen de begevers in een brief aan Gedeputeerde Staten van de beurs ook open te stellen voor studenten aan het Seminarie van het bisdom Roermond, op 19 juli en 30 september 1859 in persoonlijke brieven aan baron de Biberstein, lid van de Tweede Kamer[36]. Uiteindelijk komt dan toch het Koninklijk Besluit van 26 december 1859, n° 80, waarbij de minister besluit het K.B. van 15 mei 1842 in te trekken, en de bursalen voortaan in de gelegenheid te stellen te gaan studeren aan een andere RK Universiteit[37]. Bij K.B. van 11 januari 1861 wordt de beurs ook vrijgegeven voor studie aan het Seminarie van het bisdom Roermond en aan de universiteit van Leuven. In dat jaar staat dan ook voor het eerst in de advertentie die ieder jaar staat in

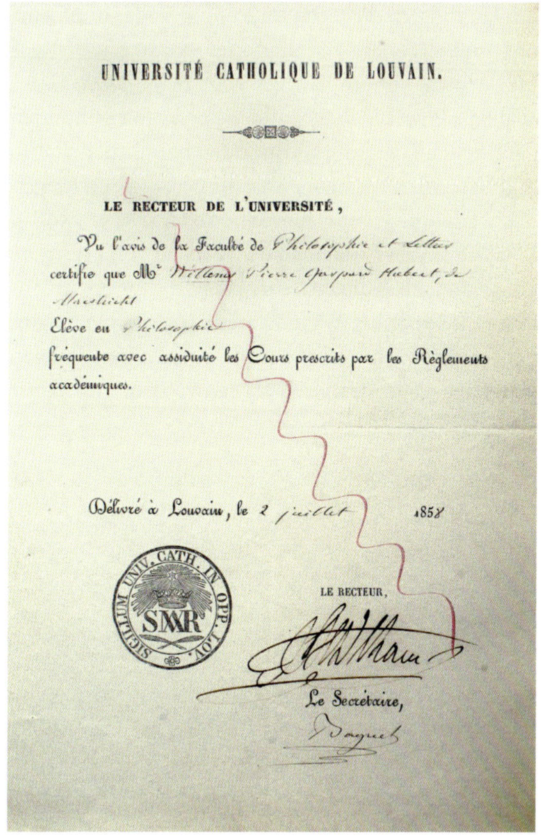
UNIVERSITÉ CATHOLIQUE DE LOUVAIN.

LE RECTEUR DE L'UNIVERSITÉ,

Vu l'avis de la Faculté de Philosophie et Lettres certifie que Mr Willems Pierre Gaspard Hubert, de Maestricht

Elève en Philosophie

fréquente avec assiduité les Cours prescrits par les Règlements académiques.

Délivré à Louvain, le 2 juillet 1858

SIGILLUM UNIV. CATH. IN OPP. LOV.

LE RECTEUR,

Le Secrétaire,

Afb. 15 – Getuigschrift van de Faculteit Filosofie en Letteren van de Universiteit van Leuven betreffende de vorderingen van de student Pierre Gaspard Hubert Willems uit Maastricht, dd. 2 juli 1858 (RHCL)

de plaatselijke krant, *Le Courrier de la Meuse*, dat de beurs voor die twee onderwijsinstellingen openstaat[38].

Het gebrek aan kandidaten is waarschijnlijk de reden geweest waarom op 24 februari 1860 de begevers van de beurs hun besluit van 17 september 1857 herzien, waarbij ze aan Petrus Casparus Hubertus Willems en Joannes Antonius Zeegelaar een beurs hadden gegeven voor twee jaar. Er werd besloten dat, ingeval een of twee beurzen na verloop van twee jaar niet vergeven waren, deze ten goede konden komen

35 RHCL, Archief Beurzenstichting Mathias Wijnants, inv.nr. 40.

36 RHCL, Archief Beurzenstichting Mathias Wijnants, inv.nr. 278.

37 RHCL, Archief Beurzenstichting Mathias Wijnants, inv.nr. 43.

38 RHCL, Archief Beurzenstichting Mathias Wijnants, inv.nr. 44.

aan kandidaten die reeds studeerden, zodat hun beurs nog met twee jaar verlengd kon worden, weliswaar met een maximum van zes jaar. Beide *"beurziers"*, Willems en Zeegelaar, hadden "door het gehouden goed zedelijk gedrag, als door den betoonden vlyt in hunne studien" de beurs waardig getoond, en kregen dus verlenging voor het schooljaar 1859/1860[39]. In 1859 waren Willems en Zeegelaar zelfs de twee enige studenten die de beurs kregen[40]. En op 30 september 1860 krijgt Willems wederom een beurs voor zijn studie wijsbegeerte aan de Universiteit Leuven voor het schooljaar 1860/1861[41], voor het laatst voor de eerste negen maanden van het jaar 1861, namelijk *f* 225[42]. Hij is in deze periode dus de enige geweest die gedurende vier jaar op kosten van de beurs heeft gestudeerd, want bij K.B. van 11 januari 1861 werd de regeling van 1859 weer ingetrokken.

De begevers van de studiebeurs worden regelmatig door Nicolas Joseph Laforêt, vice-rector van de Universiteit Leuven, op de hoogte gehouden van de vorderingen van de studenten, en van de goede ontvangst van de gelden. Het spreekt voor zich dat over Pieter Willems altijd de allerbeste getuigschriften naar de begevers van de studiebeurs werden gestuurd[43].

39 RHCL, Archief Beurzenstichting Mathias Wijnants, inv.nr. 42.
40 RHCL, Archief Beurzenstichting Mathias Wijnants, inv.nr. 107.
41 RHCL, Archief Beurzenstichting Mathias Wijnants, inv.nr. 43.
42 RHCL, Archief Beurzenstichting Mathias Wijnants, inv.nr. 107.
43 RHCL, Archief Beurzenstichting Mathias Wijnants, inv.nr. 170.

2. Willems als corresponderend lid van het (Koninklijk) Limburgs Geschied- en Oudheidkundig Genootschap (LGOG) te Maastricht[1]

Henk J.L.M. Boersma

Het Limburgs Geschied- en Oudheidkundig Genootschap (LGOG)

Het LGOG werd in 1863 opgericht in Maastricht onder de naam *Oudheidkundig Genootschap in het Hertogdom Limburg* met als doel "het bevorderen der vaderlandsche geschiedenis en vooral die van Limburg, alsmede het opsporen van oudheden en overblijfsels van kunst en nijverheid in dit hertogdom aanwezig". In 1867 werd de naam gewijzigd in *Geschied- en Oudheidkundig Genootschap in het Hertogdom Limburg* en in 1908 in *Provinciaal Geschied- en Oudheidkundig Genootschap in Limburg*. Per 1 januari 1929 fuseerde het genootschap met het in 1893 opgerichte "*Limburg.*", *Provinciaal Genootschap voor Geschiedkundige Wetenschappen, Taal en Kunst te Roermond*. De gefuseerde vereniging ging verder onder de huidige naam *Limburgs Geschied- en Oudheidkundig Genootschap* (LGOG). Bij gelegenheid van het 150-jarig bestaan in 2013 werd aan LGOG door Koning Willem Alexander het recht tot het voeren van het predicaat Koninklijk verleend.

---

1 Voor het samenstellen van dit artikel werd dankbaar gebruikt gemaakt van de door Rob Belemans verstrekte lijst van Nederlandse respondenten voor de dialectenquête van Pieter Willems. Medewerkers van de Stadsbibliotheek te Maastricht waren zo vriendelijk alle in deze bijdrage genoemde werken van Willems voor nader onderzoek uit het depot te lichten. Bestudering van de werken heeft nadien geleid tot aanpassingen en verbeteringen in de catalogus. Een deel van de illustraties (de opdrachten) werd verzorgd door Emile Ramakers, waarvoor dank.

Activiteiten

Het eerste bestuur (1863) van het LGOG was samengesteld uit de heren Alexander Schaepkens (voorzitter), Jos Russel (secretaris), Ernest Gulikers (penningmeester), Jos Habets, Charles Bergers, Herman Eversen en Philip Maschek. Zij gingen voorspoedig van start met de opbouw en uitbouw van de organisatie. Er werden lezingen gehouden, excursies georganiseerd, contacten gelegd, boeken en oudheidkundige voorwerpen verzameld. De leden werden daarenboven aangespoord hun kennis vast te leggen in publicaties.

Reeds in 1864 werd een begin gemaakt met het samenstellen en uitgeven van jaarboeken, aanvankelijk in de vorm van afleveringen van *Publications (de la Société d'Archéologie dans le Duché de Limbourg)* en vanaf 1872 als jaarboek met dezelfde titel. In de beginjaren waren de meeste bijdragen in het Frans. Vanaf 1879 werd in Limburg het populair historisch tijdschrift *De Maasgouw, Weekblad voor Limburgsche geschiedenis, Taal en Letterkunde*, uitgegeven. Het initiatief daartoe was genomen door drie in Limburg werkzame archivarissen (Guillaume L.D. Franquinet, Jan Baptist Sivré en M.J. Janssen), allen lid van het LGOG. Vanaf 1882 werd *De Maasgouw* dan ook onder supervisie van het LGOG uitgegeven en vanaf 1918 trad het LGOG formeel als uitgever ervan op. Als gevolg van de eerder vermelde fusie in 1929 van het LGOG met het in Roermond gevestigde Provinciaal Genootschap "*Limburg*.", smolt in datzelfde jaar *De Maasgouw* samen met het *Limburg's Jaarboek*. Het *Limburg's Jaarboek*, werd sinds 1894 door "*Limburg*." uitgegeven, eerst in afleveringen, later als jaarboek. De naam *De Maasgouw* bleef in de loop der jaren gehandhaafd, zij het dat de ondertitel nogal eens werd veranderd.

Aanvankelijk waren de opgespoorde en aan het LGOG toevertrouwde oudheden voornamelijk van archeologische aard. Door schenkingen, bruiklenen en aankopen nam de soort en het aantal collecties toe. In het begin waren de collecties, die waren opgeslagen

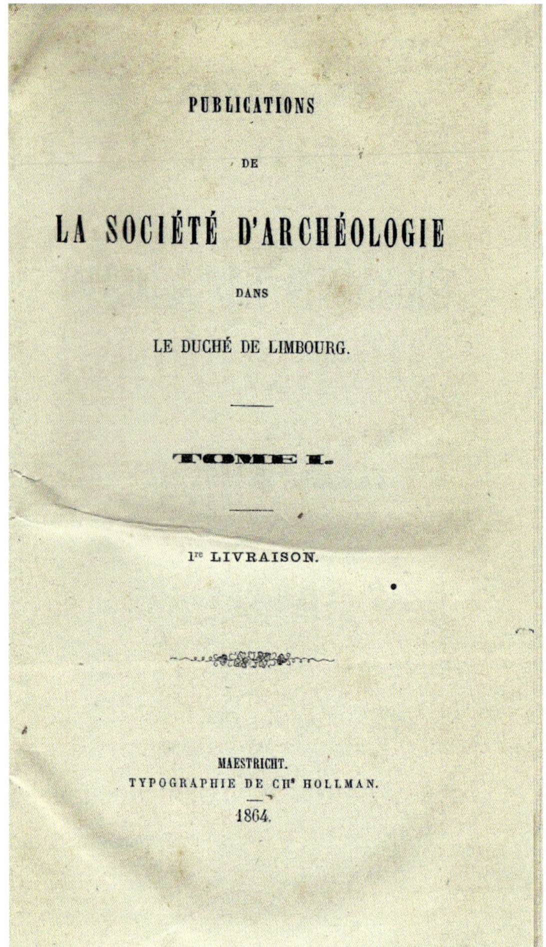

Afb. 16 – Titelpagina van de eerste aflevering van de *Publications de la Société d'Archéologie dans le Duché de Limbourg* uit 1864. (collectie LGOG) (foto: Centre Céramique, Maastricht)

in een der verenigingslokalen in het Dinghuis (Oude Stadhuis) te Maastricht, alleen door leden te raadplegen en te bezichtigen. Na een uitgebreide restauratie van het Dinghuis in de periode 1880-1883 werden ook enige ruimten als museum ingericht: het *Provinciaal Museum van Oudheden in Limburg*. Het werd geopend in 1884 en was ook toegankelijk voor niet-leden, zij het dat leden van het LGOG gratis toegang genoten. Het museum veranderde nog enige malen van locatie en naam en kreeg in 1952 de thans nog in gebruik zijnde naam *Bonnefantenmuseum*, die is afgeleid van de locatie, het Bonnefantencomplex, waar het museum in de periode 1952-1968 in was gehuisvest.

Zowel de *Publications* als *De Maasgouw* worden nog steeds door het LGOG uitgegeven. Het *Bonnefantenmuseum* werd in 1968 afgescheiden van de vereniging en verzelfstandigd.

Corresponderende leden

De leden van het LGOG kozen uit hun midden een bestuur. Naast en behalve de betalende leden (de zogenaamde werkende leden) kende men ook ereleden en corresponderende leden. Hun positie en benoemingsprocedure was nader bepaald in de artikelen 3, 14 en 19 van het reglement van het Genootschap zoals vastgesteld in 1863: "Tot eereleden van het genootschap zullen zoodanig personen aangenomen worden, die zich door hunne werken of door ondersteuning aan de vereeniging verdienstelijk gemaakt hebben. Als corresponderende leden kunnen zoodanigen benoemd worden die buiten de provincie gehuisvest zijn. Zoowel eere- als corresponderende leden worden benoemd door het Bestuur op voordragt van twee leden van het genootschap" (art. 19) en "... zullende over de al dan niet aanneming der voorgestelde leden door het Bestuur worden beslist" (art. 3). Deze twee groepen leden waren overigens vrijgesteld van het betalen van contributie (art. 14).

Uiteraard moest een aansprekende lijst van ereleden en corresponderende leden het aanzien van de vereniging verhogen.

Personen waarmee het LGOG een corresponderend lidmaatschap aanging of aan wie het erelidmaatschap werd aangeboden, kregen een diploma. De tekst daarvan luidde: "Oudheidkundig Genootschap in het hertogdom Limburg, Gevestigd te Maastricht. Het Bestuur van het Oudheidkundig Genootschap in het Hertogdom Limburg heeft uit kracht van het 3de en 19de artikel van het Reglement dezer vereeniging vastgesteld den 30 Augustus 1863, benoemd [volgt de naam] tot [volgt de hoedanigheid] van gemeld Genootschap en daar van dit bewijs, voorzien van het gewoon zegel, afgegeven. Maastricht, [volgt de dagtekening]. De Voorzitter van het Bestuur voornoemd, [volgt de handtekening], Secretaris [volgt de handtekening]".

Van de ereleden werd verwacht dat zij op grond van hun maatschappelijke positie de vereniging een warm hart toe droegen en ondersteunden of hun invloed aanwendden om relaties te bestendigen die van belang zouden kunnen zijn voor de vereniging. Corresponderende leden waren personen die op enigerlei wijze beroepsmatig werkzaam waren op een van de interessegebieden van de vereniging en als zodanig een inhoudelijke bijdrage konden leveren aan het welslagen van de vereniging. Voor het merendeel betrof dit mensen die werkzaam waren in het onderwijs, in het archief- en bibliotheekwezen, in musea, bij uitgeverijen of reeds bijvoorbeeld als historicus naam hadden gemaakt of een belangrijke rol vervulden in een gelijkaardige vereniging. Aanvankelijk woonden de meesten inderdaad buiten het werkgebied (de provincie Limburg) van het LGOG, later werd dit minder van belang geacht. Van hen werd verwacht dat zij de ontwikkelingen op onder meer historisch gebied ter plaatse volgden en voor zover deze van belang waren voor de beoefening van de geschiedenis van Limburg onder de aandacht van bestuur en leden van het LGOG brachten.

Professeur Willems, membre correspondant

Het bestuur ging voortvarend te werk bij het aanzoeken van potentiële corresponderende leden. Omstreeks eind 1863 begin 1864 werd een groot aantal personen door het bestuur aangeschreven om als corresponderend lid tot het genootschap toe te treden. Een van de brieven was gericht aan de op 6 januari 1840 in Maastricht geboren, maar aan de universiteit van Leuven verbonden classicus en hoogleraar Romeinse oudheden Petrus Gasparus Hubertus Willems. Hij was een van degenen die positief op het verzoek inging. Daarvan werd melding gemaakt in het eerste jaarboek van de vereniging, de *Publications* van 1864, onder het hoofdstuk *Extrait de la correspondance*:

> *"Nous avons reçu les remerciemants des membres correspondents suivants, pour l'honneur que le comité leur a fait. Ces Messieurs, qui témoignent tous de leur haut intérêt pour la succès de la société, sont": volgen de namen van 12 personen, waaronder "les professeurs David et Willems, de l'université catholique à Louvain"* [2].

In de eerste gepubliceerde ledenlijst van het genootschap die verscheen in het jaarboek van 1865 prijkt op pagina 280 zijn naam, "*Willems, P., professeur à l'Université, Louvain*", tussen die van 29 andere "*Membres Correspondants*", waaronder ook J(ean) (Baptist) David (taal- en letterkundige) en de priester-hoogleraar G(érard) C(asimir) Ubaghs (theoloog), die eveneens aan diezelfde universiteit verbonden waren[3].

De correspondenten voelden zich nauw betrokken bij de vereniging. Dat blijkt met name uit de veelvuldige schenkingen van archeologica, munten en penningen en gebruiksvoorwerpen aan het genootschap om het plan om een eigen museum in te richten mogelijk te maken, en die van boeken en tijdschriften voor de bibliotheek van het genootschap. In de *Publications* en later in de *De Maasgouw* werd daarvan mededeling gedaan. Ook van Willems zijn schenkingen bekend. Zo wordt bijvoorbeeld op pagina 438 van het tweede jaarboek melding gemaakt van de schenking van drie publicaties van zijn hand[4] (zie ook de paragraaf over de publicaties van Willems die in de Stadsbibliotheek te Maastricht aanwezig zijn):

1) *[Littérature Ancienne] Des Idées d'Homère sur l'immortalité de l'âme et sur la vie Future*, Leuven 1860. Overdruk uit Mémoires choisis de la Société, tome VIII.
   Hierin de opdracht: A ma ville natale. Hommage respectueux de l'auteur P. Willems.
2) *Coup d'oeil sur l'enseignement Philosophique, littéraire et philologique des écoles de Paris en 1862*, Brussel 1863. Overdruk uit La Revue Belge et étrangère (nouvelle série de la Belgique, tome XV, numéro de mai 1863).
   Hierin de opdracht: A la Bibliothèque de Maestricht, Hommage de l'auteur.
3) *Etude sur Isocrate*, boekbespreking, Brugge 1864. Overdruk uit Revue de l'instruction Publique en Belgique, novembre-décembre 1864.
   Hierin de opdracht: A la Bibliothèque de la ville de Maestricht, don de l'auteur.

en idem in het vierde deel van de *Publications* van de schenking van een publicatie[5]:

1) *De verdiensten van hoogleeraar J(ean)-B(aptist) David in het gebied der Nederlandsche taal- en letterkunde; redevoering uitgesproken door P. Willems bij de plechtige onthulling van Davids borstbeeld den 16 december 1866*, Leuven 1866.

en weerom in de *Publications* van 1870 een de schenking van twee publicaties[6]:

1) *Dautzenberg herdacht*. Voorgedragen op het IX taal- en letterkundig Congres te Leuven, Antwerpen 1869. Overdruk uit De Toekomst, III reeks, 3 jaargang, nr. 10.
2) *Nederlandsche gedichten, met taal- en letterkundige aanteekeningen van wijlen hoogleeraar J.B. David*, in naam en op last van het taal- en letterlievend studentengenootschap Met Tijd en Vlijt, Leuven 1869.

2 PUBLICATIONS (PSHAL), Tome I, 1864, pp. 206-207.
3 PUBLICATIONS (PSHAL), Tome II, 1865, pp. 269-280.
4 PUBLICATIONS (PSHAL), Tome II, 1865, p. 438.
5 PUBLICATIONS (PSHAL), Tome IV, 1867, p. 485.
6 PUBLICATIONS (PSHAL), Tome VII, 1870, p. 516.

Gelet op het karakter van het genootschap zouden taalkundige bijdragen van Willems aan de *Publications* of later *De Maasgouw* voor de hand hebben gelegen. Daar is echter geen sprake van. Zijn enige bijdrage betreft een inhoudelijke reactie op deel 1 (Brussel, 1867) van *Histoire du droit pénal dans l'ancien duché du Brabant* van Edmond Pouillet[7].

Willems bleef tot aan zijn plotseling overlijden in Leuven op 23 februari 1898 corresponderend lid van het LGOG. Hij was overigens ook corresponderend lid van de hiervoor genoemde latere fusiepartner van het LGOG, "*Limburg*." Hij was door het bestuur als zodanig benoemd op 12 juli 1894[8].

In 1909 verscheen van de hand van Adolf de Ceuleneer een biografie met uitvoerige bibliografie van Willems bij de *Koninklijke Vlaamsche Academie voor taal- en letterkunde*[9] (SB110 G41 /SB 83 K44). Hierin wordt noch zijn bijzonder lidmaatschap van het LGOG noch dat van "*Limburg*." vermeld. Overigens wordt ook in de verenigingsbladen van beide genootschappen geen aandacht geschonken aan zijn overlijden, hetgeen enigszins vreemd overkomt. Willems van zijn kant bleef de publicaties van de beide Limburgse verenigingen waarvan hij corresponderend lid was wel tot in zijn laatste dagen belangstellend volgen. Zijn allerlaatste gepubliceerde wetenschappelijke bijdrage, verschenen in het *Bulletin bibliographique et pédagogique* van het door hemzelf en zijn Luikse en Gentse vakgenoten in 1897 opgerichte tijdschrift *Le Musée belge*[10], had als doel om de publicaties van het LGOG en van "*Limburg*." onder de aandacht te brengen van de alumni in de zogenaamde 'Alterthumswissenschaften' van de genoemde universiteiten[11]. Naast corresponderend lid bleef Willems dus ook zijn leven lang een soort ambassadeur in België voor de beide wetenschappelijke genootschappen uit zijn geboortegouw.

Sinds omstreeks 1955 kent het LGOG geen corresponderende leden meer. In de *Publications* van 1952-1953 werd voor het laatst een opsomming gegeven van de zes dan nog in functie zijnde corresponderende leden[12]. Door natuurlijk verloop en het niet meer aantrekken van nieuwe functionarissen kwam aan dit fenomeen een einde.

Publicaties van Willems aanwezig in de Stadsbibliotheek te Maastricht

Hiervoor is melding gemaakt van enige schenkingen van boeken die Willems heeft gedaan aan het LGOG. In de Stadsbibliotheek te Maastricht zijn een aantal werken van de hand van Willems in de catalogus opgenomen. Van sommige werken zijn meerdere exemplaren voorhanden, enkele zijn voorzien van een opdracht van Willems. Meerdere publicaties behoren tot de boekencollectie van het LGOG. Sommige zijn voorzien van een LGOG-eigendomsstempel.

Het betreft (in volgorde van verschijnen)[13]:

1) *[Littérature Ancienne] Des Idées d'Homère sur l'immortalité de l'âme et sur la vie Future*, Leuven 1860. Overdruk uit Mémoires choisis de la Société, tome VIII. Twee exemplaren aanwezig. Een exemplaar voorzien van de opdracht: A ma ville natale. Hommage respectueux de l'auteur P. Willems. (Collectie LGOG) (SB148C37; SB110D30)
2) *Coup d'oeil sur l'enseignement Philosophique, littéraire et philologique des écoles de Paris en 1862*,

7 PUBLICATIONS (PSHAL), Tome V, 1868, pp. 451-452.
8 *Limburg's Jaarboek* I, 1894, p. 13.
9 DE CEULENEER 1909.
10 MUSÉE BELGE 1898, p. 85.
11 Cf. DE CEULENEER 1909, pp. 235-236.
12 PUBLICATIONS (PSHAL), Tome LXXXVIII-LXXXIX, 1952-1953, p. VI.
13 De achter de publicaties vermelde coderingen betreffen het signatuur waaronder deze in de catalogus van de Stadsbibliotheek zijn opgenomen. De onder de coderingen SB110D30 en SB148C37 vermelde werken betreffen convoluten.

Brussel 1863. Overdruk uit La Revue Belge et étrangère (nouvelle série de la Belgique, tome XV, numéro de mai 1863). Drie exemplaren aanwezig. Een exemplaar voorzien van de opdracht: A la Bibliothèque de Maestricht, Hommage de l'auteur. Een ander van de opdracht: Monsieur Graaf [bedoeld is Pierre Joseph Graff, docent, later conrector], professeur a l'Atheneum à Maestricht. Hommage de l'auteur. (Een exemplaar collectie LGOG) (SB148C37; CBBr1198; SB110D30).

3) *Etude sur Isocrate*, boekbespreking, Brugge 1864. Overdruk uit Revue de l'instruction Publique en Belgique, novembre-décembre 1864. Drie exemplaren aanwezig. Een exemplaar voorzien van Ex Libris Dr. [Leonard Pieter Hubert] Schols, Mosae Trajectini. D.D. Haeredes 523. Hierin de opdracht: Monsieur Graaf [bedoeld is Pierre Joseph Graff, docent later conrector], professeur au Gymnase de Maestricht, hommage respectueux de l'auteur. Een ander exemplaar is voorzien van de opdracht: A la Bibliothèque de la ville de Maestricht, don de l'auteur. (Een exemplaar collectie LGOG) (CBBr5405; SB148C37; SB110D30).

4) *De verdiensten van hoogleeraar J(ean)-B(aptist) David in het gebied der Nederlandsche taal- en letterkunde; redevoering uitgesproken door P. Willems bij de plechtige onthulling van Davids borstbeeld den 16 december 1866*, Leuven 1866. Vier exemplaren aanwezig. Een exemplaar is afkomstig uit de bibliotheek van dr. Schols [Leonard Pieter Hubert] nr.519. (Een exemplaar collectie LGOG) (CB77F21; CB79B17; SB110E36; SB148C37).

5) *Dautzenberg herdacht*. Voorgedragen op het IX taal- en letterkundig Congres te Leuven, Antwerpen 1869. Overdruk uit De Toekomst, III reeks, 3 jaargang, nr. 10. (Exemplaar collectie LGOG). (SB110I33)

6) *Nederlandsche gedichten, met taal- en letterkundige aanteekeningen van wijlen hoogleeraar J.B. David*, in naam en op last van het taal- en letterlievend studentengenootschap Met Tijd en Vlijt, Leuven 1869. (CB77C8)

7) *Les antiquités Romaines envisagées au point de vue des institutions politiques*, Leuven, Parijs, Bonn 1870. Twee exemplaren aanwezig. (SB45C1/a en 1/b)

8) *Notes de critique et d'exégèse sur Horace. Sixième satire du premier livre*: (analyse et but de la satire; vv 7-22, 71-88 et 122-123), Brussel 1873. Overdruk uit Bulletin de l'Académie royale de Belgique, 2e serie, tome 35, no. 2 et 3. Afkomstig uit de bibliotheek van dr. [Leonard Pieter Hubert] Schols nr. 521. (SB146H15).

9) *Notice sur Jean-Henri Bormans, membre de l'Académie* (royale de Belgique), Brussel 1881. Overdruk uit Annuaire de l'Académie royal de Belgique, 47 année (1881). Hierin de opdracht: Souvenir J. Bormans. (SB83C4)

10) *Le droit public romain ou les institutions politiques de Rome depuis l'origine de la ville jusqu'a Justinien*, Leuven/Parijs1883. (CB144D2)

11) *Les élections municipales à Pompéi. Discours prononcé à la séance publique du 12 mai 1886*, Brussel 1886. Overdruk uit Bulletins de l'Académie royale de Belgique, 3e serie, tome 12, no. 7. (SB45C1)

12) *Notice sur Louis-Chrétien Roersch, membre de l'Académie* [royale de Belgique], Brussel 1893. Overdruk uit Annuaire de l'Académie royale de Belgique, année 59 (1893). Twee exemplaren aanwezig. Een exemplaar maakt deel uit van de collectie van het LGOG. Hierin de opdracht: Hommage de l'auteur. (SB112F36/S; SB65C10/K)

13) *De Nederlandsche welsprekendheid*, Gent 1897. Voordracht. (SB1L136)

Verder is in de Stadsbibliotheek een exemplaar aanwezig van een lofrede uitgesproken door en vanwege zijn studenten in 1870. Het betreft: [ALBUM] *Den zeer geleerden heere Dr. P.G.H. Willems, hoogleraar bij de Leuvensche Hoogeschool, ondervoorzitter der Zuid-Nederlandsche Maatschappij van Taalkunde, bestendigen voorzitter van Met Tijd en Vlijt, door diens leden uit hoogachting en erkentenis aangeboden, redevoering uitgesproken door Albrecht Fredericq, student in de rechten,* [met een lofdicht van] *Fred Venesoen en* [een dankwoord van] *P.G.H. Willems* [gevolgd door een "naamlijst der inteekenaren"], Leuven 1870. (SB65C37/O)

Dialecten tussen Maas en Rijn

Reeds daags na het overlijden van Willems verscheen een korte biografische schets in de *Limburger Koerier* (provinciaal dagblad, uitgegeven te Heerlen) van 24 februari 1898. Na een opsomming van zijn verdiensten eindigt het bericht als volgt: "De dood heeft hem verrast, terwijl hij bezig was eene vergelijkende taalstudie samen te stellen van al de dialecten tusschen Maas en Rijn waarmede wijlen professor Willems reeds een twaalftal jaren bezig was". De scribent verwijst hier naar de grote dialectenquête die Willems in 1885 en 1886 had uitgezet bij een groot aantal personen in het onderhavige onderzoeksgebied. Hij had zijn vragen, woorden en voorbeeldzinnen, gebundeld in een 58 pagina's tellend boekje. Respondenten die de moeite namen om alle in de standaardtaal gestelde vragen, woorden en voorbeeldzinnen in het lokale dialect om te zetten kwamen tot een geschatte bijdrage van ruim 15.000 woorden! Het zal geen verbazing wekken dat niet iedereen zich daartoe liet verleiden. Willems heeft circa 400 personen benaderd voor deze enquête. In 1889 werd de verzamelperiode afgesloten. De retour gekomen boekjes werden door Willems genummerd. Dat zijn er 357, waarvan er 349 bewaard zijn gebleven. Het betreft de gegevens van respondenten van plaatsen in Frans-Vlaanderen, Vlaams-België, het Duitse Rijnland en voor wat Nederland betreft met name plaatsen in Brabant en Limburg.

Het zou enigszins voor de hand liggend zijn geweest wanneer Willems Limburgse respondenten voor de 125 Limburgse gemeenten had aangezocht via de ledenlijst van het LGOG. Zijn doelgroep, onderwijzers, geestelijken, burgemeesters en andere heren van stand, waren immers rijkelijk vertegenwoordigd binnen het LGOG en van nagenoeg iedere gemeente was wel iemand binnen de doelgroep lid. Van hen zou toch enige medewerking verwacht mogen worden, actief door het invullen van de lijsten, passief door het aanzoeken van een geschikte kandidaat. Het is vooralsnog niet duidelijk hoe Willems zijn kandidaten vond. Waarschijnlijk via het aanschrijven van de burgemeesters met het verzoek de vragenlijst aan een geschikte kandidaat voor te leggen. Dat was ook de werkwijze die Abraham Jacob van der Aa eerder hanteerde voor het vergaren van gegevens voor zijn *Aardrijkskundig Woordenboek der Nederlanden (1839-1851).* Ook is onduidelijk of Willems in iedere gemeente een respondent zocht of dat hij meerdere gemeenten clusterde ervan uitgaande dat het invullen van lijsten voor iedere gemeente afzonderlijke geen meerwaarde bood.

Er zijn slechts drie leden van LGOG onder de Limburgse respondenten. Het betreft H.J. van den Boorn, hoofd van de lagere school te Gronsveld, H.J. Eymael, leraar aan de Hogere Burgerschool te Maastricht en M.J. Janssen, kapelaan te Well, die de vragenlijsten invulden voor respectievelijk Gronsveld, Heerlen en Venray. Van 20 andere Limburgse gemeenten zijn de ingevulde vragenlijsten ook bewaard gebleven.

Leuven

Afb. 17 – Het woonhuis van het gezin Willems-Henot, Brusselsestraat 190. (foto: R. Belemans)

3. Professor Pieter Willems: Leuvens classicus en academicus

Jan Papy

«Later zal hij een fakkel der wetenschap worden»
Jan Baptist David

Weinigen is het te beurt gevallen: ervoor kunnen zorgen dat de grote Theodor Mommsen (1817-1903) zijn inzichten aanpast en dat openlijk vermeldt. Mommsen was samen met Leopold von Ranke en Barthold Georg Niebuhr het boegbeeld van de Duitse geschiedschrijving in de 19de eeuw. Had Mommsen furore gemaakt met zijn monumentale *Römische Geschichte* – in 1902 ontving "de grootste levende historische schrijver" de Nobelprijs voor de Literatuur – dan is eveneens van belang dat de huidige kennis van en visie op de Romeinse staatsvorm nog steeds in aanzienlijke mate wordt bepaald door zijn andere werk, *Römisches Staatsrecht*. In dit werk, voor het eerst gepubliceerd in 1871, zette Mommsen de werking van de senaat en de verschillende Romeinse volksvergaderingen als de *comitia tributa* en *comitia centuriata* uiteen. Mommsen was niet bepaald bekend als iemand die kwistig de namen van andere geleerden in zijn eigen werk citeerde. In het geval van Pieter Willems maakte hij een uitzondering. In het voorwoord bij de derde editie uit 1888 van het eerste volume van zijn *Römisches Staatsrecht* noemt hij Willems bij name. Meer nog, een hele paragraaf wordt door Mommsen ingelast om de lezer in te lichten dat zijn derde editie op meer dan een plaats diende te worden herzien naar het werk van de Leuvense hoogleraar over hetzelfde onderwerp.

Willems' belangrijkste wetenschappelijke publicaties, zijn *Droit public romain* en *Sénat de la République romaine*, waren dan ook in meer dan één opzicht de bekroning van zijn academische scholing en carrière. Beide studies toonden hoe in één getalenteerd persoon zowel de Nederlandse als de Franse en Duitse tradities van de *Altertumswissenschaft* konden worden geïntegreerd. De achttienjarige Willems was als *primus* – in zijn Maastrichts gymnasium was hem pas door de Commissaris van de Koning in 1857 de "rozenkroon" overhandigd waarbij de jonge Willems een Latijnse redevoering debiteerde – naar de Leuvense universiteit gekomen.

Onder invloed van de toenmalige president van het Pauscollege, Mgr. Nicolas Joseph Laforêt (1823-1872), later opvolger van Rector magnificus Pierre François Xavier de Ram (1804-1865), sloeg Willems in zijn studies Klassieke Filologie meteen een wijsgerige richting in. Als lid, en later als medebestuurder van de *Société littéraire*, bracht hij binnen dit genootschap zijn eerste werkstukken voor. Zijn studie over de *Idées d'Homère sur l'immortalité de l'âme et sur la vie future* liet al aanvoelen uit welk hout de student Willems was gesneden. De ernst, de helderheid van het betoog en de diepgaande kennis van het onderwerp kenmerkten toen reeds zijn werk. Zijn activiteiten binnen de *Société littéraire* waren voor Willems trouwens geen hinderpaal in het uitbouwen van een ruimer en sterk studiecurriculum. Bij de oriëntalist Félix Nève (1813-1893), leerstoelhouder Latijn en Grieks sinds 1841, volgde hij de colleges Sanskriet[1], in zijn studie over de onsterfelijkheid van de ziel bij Homerus verwerkte hij summier inzichten uit de Egyptologie, een wetenschapstak die in de jaren '60 nog maar weinig werd beoefend. Willems' studieijver mondde bovendien uit in exceptionele resultaten; in zijn kandidatuur (24 juli 1858) én zijn doctoraat (23 augustus 1861) Wijsbegeerte en Letteren haalde hij telkens de hoogste punten tot dusver in België toegekend. In november 1861 werd hem door de regering dan ook een reisbeurs verleend om zijn wetenschappelijke vorming in het buitenland te vervolmaken.

Volgde Willems in Parijs in de maanden maart-juli 1862 colleges bij vooraanstaande professoren van de Sorbonne en het Collège de France, dan was toch zijn kennismaking met Léon Renier (1809-1885) en Émile Egger (1813-1885) van doorslaggevend belang[2]. De

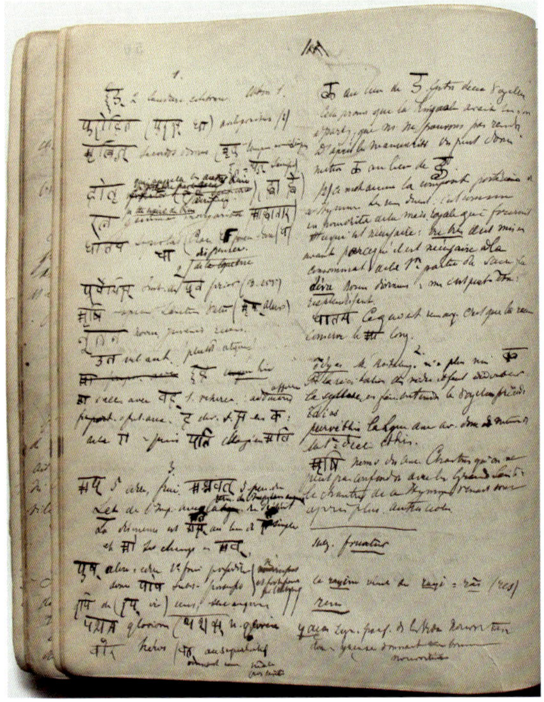

Afb. 18 – Pagina 50 uit de aantekeningen die Pieter Willems als Leuvens student in het academiejaar 1859-'60 maakte tijdens de colleges Sanskriet van prof. Félix Nève. (Universiteitsarchief Louvain-la-Neuve - foto: R. Belemans)

eerste bekleedde de leerstoel Latijnse epigrafie aan het Collège de France en had in Algerije honderden inscripties verzameld, ontcijferd en bestudeerd, en was de enige in Frankrijk die een soliede kennis had van Romeinse instellingen. De tweede, sinds 1855 professor Grieks aan de Sorbonne, introduceerde de concepten van de "kritische school" van Duitsland in de Franse filologische studies en stond aan de basis van de heropleving van de Klassieke Filologie in Frankrijk. Het studieverblijf van Willems in Berlijn is beduidend minder gedocumenteerd, maar de invloed was er niet minder aanzienlijk om. Dat zal blijken uit de door hem gevolgde methodologie van de *Altertumswissenschaft* en filologische kritiek in zijn werken. Het jaar 1863 vervolgens bracht Willems' introductie tot de "Hollandse School". Bij de Leidse hoogleraar Carel Gabriel Cobet (1813-1889), vermaard tekstcriticus

1 Willems collegeaantekeningen bij Nève zijn bewaard gebleven. Cf. Universiteitsarchief Louvain-la-Neuve, Coll. des Manuscrits – C II-449.

2 Ook Willems' aantekeningen van de colleges die hij in 1862 Parijs volgde, heeft hij in hetzelfde schriftje gemaakt. Cf. Universiteitsarchief Louvain-la-Neuve, Coll. des Manuscrits – C II-449.

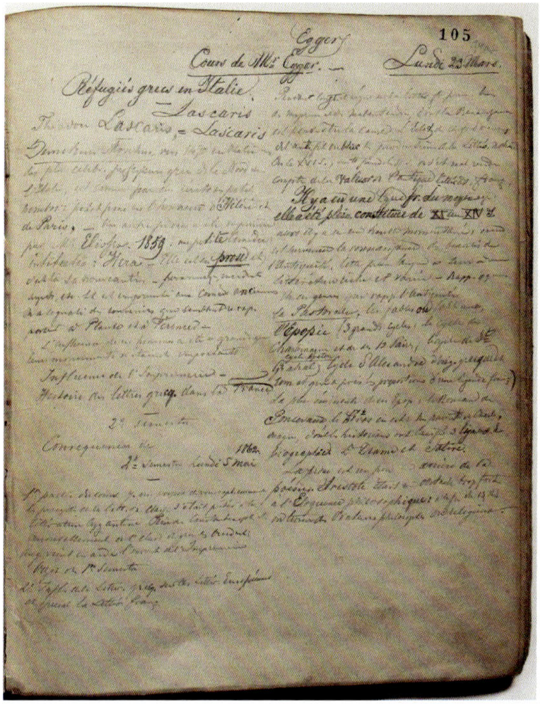

Afb. 19 – Pagina 105 uit de collegenotities die Pieter Willems maakte tijdens het laatste college van het eerste semester (23 maart) en het eerste van het tweede semester (5 mei) 1862 van prof. Émile Egger (1813-1885) aan de Parijse Sorbonne over 'Les réfugiés grecs en Italie'. (Universiteitsarchief Louvain-la-Neuve - foto: R. Belemans)

van klassieke Griekse teksten, leerde hij diens zuivere tekstkritiek en handschriftenkunde.

Terug te Leuven werd Willems eerst belast met de colleges Griekse en Romeinse Oudheden, en een jaar later in 1866, na het overlijden van hoogleraar kanunnik Jan Baptist David (1801-1866), met de "Geschiedenis der Nederlandsche Letterkunde". Toen het jaar daarop ook de Leuvense hoogleraar François Baguet (1801-1867), tevens secretaris van de universiteit van 1834 tot 1867, het eeuwige met het tijdelijke inruilde, werden aan Willems de cursussen Romeinse Oudheden en Latijnse Letterkunde toevertrouwd. Die twee hoofdvakken zou hij heel zijn carrière blijven doceren. Later zou Willems ook nog Algemene spraakleer, Griekse letterkunde, Latijnse epigrafie en Latijnse paleografie onderwijzen; die laatste cursussen zag hij, binnen zijn Duitse achtergrond van de *Altertumswissenschaft*, allemaal als onderdeel van zijn hoofdcursussen. Toch was Willems in zijn onderwijs van deze vakken een hervormer en vernieuwer. Voor alles zag hij het als zijn taak om deze vakken te baseren op een wetenschappelijke methodologie. Hierin stond Willems trouwens niet alleen. Zoals P. Lambrechts het beschreef, "deed er zich een heropleving voor in het onderwijs van de klassieke letteren tussen 1860 en 1890. Namen als die van Gantrelle, Wagener, Roersch, P. Willems en F. A. Gevaert, hebben een klank in de geschiedenis van het hoger onderwijs in België. Allen waren Luxemburgers of Limburgers, met kennis van het Duits, in staat zich de nieuwe methodes van filologisch en historisch onderzoek, die in de Duitse universiteiten door een keur van wereldberoemde geleerden werden gehuldigd, eigen te maken"[3]. In tegenstelling tot zijn voorganger Baguet, zag Willems in de lectuur van Latijnse auteurs geen grammaticaal doel, maar wel een uitgelezen weg om de religieuze, politieke en maatschappelijke context van de antieken te verstaan. De methode van Willems was die van de oudhistoricus Barthold Georg Niebuhr (1776-1831), de oud-historicus en archeoloog August Boeckh (1785-1867) en de archeoloog en kunsthistoricus Karl Otfried Müller (1797-1840): de historisch-filologische. Zonder de tekstkritische problemen bij teksten uit de oudheid uit de weg te (willen) gaan, zwoer Willems de rigoureuze en eenzijdige methode van de "Hollandse School" af. Waar Cobet al te kwistig met conjecturen zwaaide, wilde Willems in de eerste plaats een volledige studie van de handschriften die tegelijk recht doet aan de tekst en de overlevering ervan, om dan over te gaan tot een exegese en hermeneutiek die aandacht vraagt voor lexicografie, grammatica, geschiedenis, mythologie, geografie, taalkundige eigenheden en dateringskwesties. Aan literaire analyses ging Willems voorbij.

3 LAMBRECHTS 1967.

Omgekeerd was Willems in zijn cursus over Romeinse Oudheden niet de historicus, wel de filoloog. Teksten van de antieken of inscripties moesten elke uitspraak over om het even welke instelling (senaat, *comitia*), ambt (consul, praetor, quaestor, lictor, ...) of feit onderbouwen. In klare, heldere, maar droge uiteenzettingen werden de studenten geïntroduceerd in de feiten, in de oorsprong en evolutie van ambten en instellingen; een inschatting van de (politieke) waarde van deze Romeinse instellingen bleef achterwege. Toch was Willems als academicus meer dan de filoloog die met accurate en geduldige analyses de Romeinse instellingen onder zijn ontleedmes legde. Als internationaal geschoold en georiënteerd geleerde was hij ook de eerste in België om, in 1873, een cursus Encyclopedie van de Klassieke Filologie op te starten. In Luik zou de historicus Godefroid Kurth (1847-1916), die regelmatig naar Duitsland trok om er kennis te nemen van de Duitse meer praktijkgerichte methodes van de studie van de geschiedeniswetenschappen en er in de leer ging bij Von Ranke, Voigt en Droysen, een jaar later zijn voorbeeld navolgen voor de Geschiedenis van de middeleeuwen. Aan huis organiseerde Willems wekelijkse werkcolleges voor zijn studenten van het doctoraat, de door hem gedoopte *Societas philologa* (*lovaniensis*). Tijdens deze praktijkcursus legde hij de belangrijkste Nederlandse, Duitse, Franse, Engels en ja ook Deense vaktijdschriften op tafel en besprak hij de nieuwste publicaties in het domein van de *Altertumswissenschaft*. Van de studenten verwachtte hij dat ze tegen een volgende zitting een onderzoeksverslag hadden gemaakt. Dat kon handelen over een bepaalde auteur – Aristophanes, Herodotus, Lucianus, Plato, Polybius, Theophrastus, Horatius, Persius, Terentius en Vergilius kwamen in de jaren 1874-1897 aan bod. Evenzeer kon het onderwerp een vraagstuk betreffen over het Griekse of Romeinse kiesstelsel, het papiergeld in Athene, de priesterambten in Athene, de Romeinse *latifundia*, de kwijtbriefjes van Pompeii, de bronzen tafels van Osuna in Spanje, de Romeinse indirecte belastingen en de vloot... Telkens moesten de studenten de stand van het recente onderzoek kunnen toelichten en verwerken in hun wetenschappelijk opstel. Die verslagen werden soms voorgelezen en in groep bediscussieerd; jaarlijkse verslagen van hun werkzaamheden verschenen in de *Annuaire de l'Université Catholique de Louvain*, het jaarboek van de universiteit dat van 1837 tot 1974 verscheen. In de vijfentwintig jaar dat Willems de Leuvense *Philologa* leidde, zijn een 160 studenten van het doctoraat Letteren en Wijsbegeerte in zijn werkseminaries gevormd.

Willems' engagement als hoogleraar ging nog verder. Afgestudeerde studenten wilde hij blijvend betrekken bij de wetenschappelijke evoluties en vondsten in de *Altertumswissenschaft*. Hij richtte daartoe, samen met collega's uit Luik en Gent, een tijdschrift op waarin oud-studenten hun studies konden publiceren. Vanaf het eerste nummer van *Le Musée belge, revue de philologie classique*, verschenen in januari 1897, werd een apart deel van het tijdschrift ingeruimd voor bibliografische en pedagogische informatie. Werd Willems al gerekend tot de een van de beste professoren van de Belgische academische wereld, dan werd zijn nationale faam met het tijdschrift dat hij op het einde van zijn leven lanceerde nogmaals snel over de landsgrenzen verbreid.

Nu, Willems was al lang daarvoor nationaal en internationaal gereputeerd en geëerd. Getuige daarvan is alleen al het feit dat hij in 1872 werd verkozen tot corresponderend lid en vijf jaar later tot werkend lid van de *Koninklijke Academie van Wetenschappen, Letteren en Schone Kunsten van België* (thans de *Koninklijke Vlaamse Academie van België voor Wetenschappen en Kunsten*), en dat hij daarnaast werd aangezocht als buitenlands lid van de *Koninklijke Academie van Wetenschappen* te Amsterdam, maar ook – en we beperken ons tot de belangrijkste – ere-lid werd van het *Istituto di Diritto Romano* te Rome, corresponderend lid van de *Pontifcia Accademia Romana di Archeologia*, en lid van de *Accademia delle Scienze di Torino*, de *Accademia di scienze lettere e arti* in Padova, van het *Istituto Lombardo Accademia di Scienze e Lettere*, van de *Real Academia de la Historia de Espana*, van *L'Institut Grand-Ducal du Grand-Duché de Luxembourg*, en van de *Société Asiatique* te Parijs. Op 5 augustus 1886 mocht Willems, secretaris van de Leuvense universiteit sinds 1872 en alom geprezen om zijn publicaties over Romeinse staatsinstellingen, bovendien van de Ruprecht-Karls-Universität te Heidelberg een doctoraat *honoris causa* in de rechten in ontvangst nemen[4]. Terwijl de vooraanstaande theoloog, filosoof en historicus van de wijsbegeerte, Eduard Gottlob Zeller (1814-1908), in die jaren hoogleraar filosofie aan de Kaiser-Wilhelm-Universität te Berlijn, namens alle Duitse universiteiten sprak, nam Ernst Immanuel Bekker (1827-1916), oud-student rechten en op dat moment Prorektor van de universiteit Heidelberg, de honneurs waar. Bekker zelf was specialist Romeins recht[5] en het is duidelijk dat hij er de hand in heeft gehad om bij de festiviteiten van de universiteit tal van vak- en geestesgenoten met een eredoctoraat te huldigen. Willems werd er o.m. door volgende collega's geflankeerd: de mediëvist Karl Zeumer, medewerker aan de door Mommsen geïnitieerde reeks *Monumenta Germaniae Historica*; Eduard Winkelmann, historicus van Estland, Lijfland en Kurland; Gustav von Loeper, uitgever van de *Sämmtliche Gedichte* van Goethe; de filosoof, schrijver en historicus Hippolyte Taine die met zijn studies over prerevolutionaire en revolutionaire Frankrijk naam had gemaakt; de historicus William Stubbs, Regius Professor of Modern History in Oxford tot 1884, die invloedrijke publicaties op zijn naam had over de Engelse 'constitutionele' geschiedenis en een editie had bezorgd van de belangrijke 12de-eeuwse kroniek van William van Malmesbury; de rechtshistoricus Rudolf Schöll,

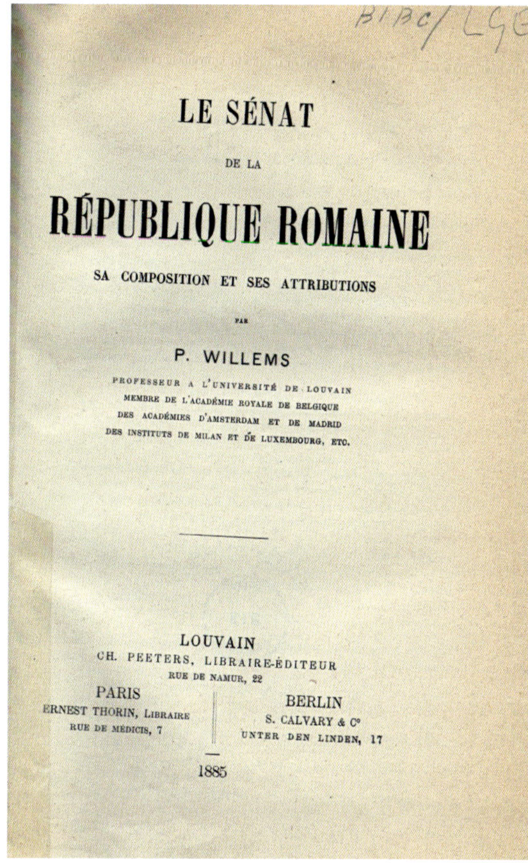

LE SÉNAT

DE LA

RÉPUBLIQUE ROMAINE

SA COMPOSITION ET SES ATTRIBUTIONS

PAR

P. WILLEMS

PROFESSEUR A L'UNIVERSITÉ DE LOUVAIN
MEMBRE DE L'ACADÉMIE ROYALE DE BELGIQUE
DES ACADÉMIES D'AMSTERDAM ET DE MADRID
DES INSTITUTS DE MILAN ET DE LUXEMBOURG, ETC.

LOUVAIN
CH. PEETERS, LIBRAIRE-ÉDITEUR
RUE DE NAMUR, 22

PARIS
ERNEST THORIN, LIBRAIRE
RUE DE MÉDICIS, 7

BERLIN
S. CALVARY & Cie
UNTER DEN LINDEN, 17

1885

Afb. 20 – Titelpagina van Willems' magnum opus: Le sénat de la république romaine (1878-1880). Hier een uitgave uit 1885, die tegelijk in Leuven, Parijs en Berlijn verscheen. (Universiteitsbibliotheek KU Leuven) (foto: R. Belemans)

hoogleraar te München, die bij Teubner in Leipzig een uitgave verzorgde van de Twaalftafelenwet en van Justinianus' *Novellae* (binnen het Corpus Iuris Civilis).

Om meer dan één reden stond Willems in dit selecte gezelschap op zijn plaats. Zijn in 1870 bij uitgeverij Peeters te Leuven gepubliceerde studie *Les antiquités romaines envisagées au point de vue des institutions politiques*, in alle volgende edities kortweg *Le droit public romain* getiteld, was een parel van methodologisch en didactisch kunnen. Vooreerst nam Willems de didactische methode van Wilhelm Adolf

4 Een gedrukt exemplaar van Willems' diploma *Doctor honoris causa* is bewaard in Heidelberg, Hauptbibliothek Altstadt, Signatur F 2137-2 Gross RES.

5 Net was van hem *Die Aktionen des römischen Privatrechts* (1871-1873) en *Das Recht des Besitzes bei den Römern* (1880) verschenen. In de volgende jaren publiceerde hij zijn *System des heutigen Pandektenrechts* (1886-1889).

Becker (1796-1846) tot voorbeeld. Diens *Charicles* uit 1840 en *Handbuch der römischen Alterthümer* (in 4 volumes, gepubliceerd tussen 1843-1856) waren de eerste in hun soort waarbij op basis van een ongekend ruim bronnenmateriaal een heldere en levendige reconstructie werd gemaakt van het dagelijks leven in Athene en Rome. Met deze didactische methode combineerde Willems de historische die de Duitse filoloog en archeoloog Ludwig Lange (1825-1885) in zijn *Römische Alterthümer* (Berlijn, 1863–76) had uitgewerkt. In zijn studie laat Willems niet alleen zijn ongeëvenaarde kennis zien, trouw aan zijn wetenschappelijk credo insisteert hij telkens opnieuw op een gezond onderscheid tussen feiten en hypothesen en presenteert hij zijn complex en taai onderwerp ook met een opmerkelijke helderheid. Het resultaat is er dan ook naar: tijdens zijn leven werd zijn handboek vijfmaal herdrukt (in 1873, 1874, 1880, 1883 en 1888), terwijl het werk steeds verder aangroeide (van 331 naar 670 bladzijden). In 1910 verzorgde Willems' zoon, zelf professor Romeins recht aan de universiteit van Luik, nog een postume heruitgave. Werd het werk in tientallen recensies in vaktijdschriften met lof overladen, dan werd het op vraag van de Russische minister van onderwijs in het Russisch vertaald (1888). Daarnaast kwam in 1898 in Belgrado bij drukker-uitgever Kralj. Srbije ook nog een Servische vertaling op de markt onder de titel *Rimsko javno pravo ili rimske političke ustanove od postanka Rima do Justinijana.*

Een zelfde succes kende Willems' *magnum opus*, zijn tweedelige studie *Le sénat de la république romaine,* eveneens te Leuven bij Peeters uitgegeven in 1878-1880. Niet alleen werd Willems' studie door de *Koninklijke Belgische Academie voor Wetenschappen* bekroond met de vijfjaarlijkse staatsprijs voor geschiedenis en werd in tal van recensies met het wierookvat gezwaaid, meer recent nog werd de tweede, weerom vermeerderde editie nog in 1968 door Scientia Verlag te Aalen heruitgegeven, en in 2010 door Kessinger Publishing in Whitefish (Montana), en in 2012 door Nabu Press te Charleston (VS) in ingescande en print-on-demand vorm heruitgeven. Het werk werd dan ook meteen in heel Europa opgepikt. George Willis Botsford, bijvoorbeeld, baseerde zich in zijn standaardwerk *The Roman Assemblies from their Origin to the End of the Republic* (New York, 1909) op vooraanstaande historici als Herzog, Lange, Niebuhr en Mommsen, maar meermaals volgde hij de inzichten van Willems. Ook het standaardwerk van vandaag, Léon Homo, *Les institutions politiques romaines, de la cité à l'état* (Parijs, 1927) begint tal van zijn hoofdstukken telkens met Willems' *Le droit publique romain* te vermelden onder de belangrijkste werken over het onderwerp. Hetzelfde doen Francesco de Martino in het hoofdstuk

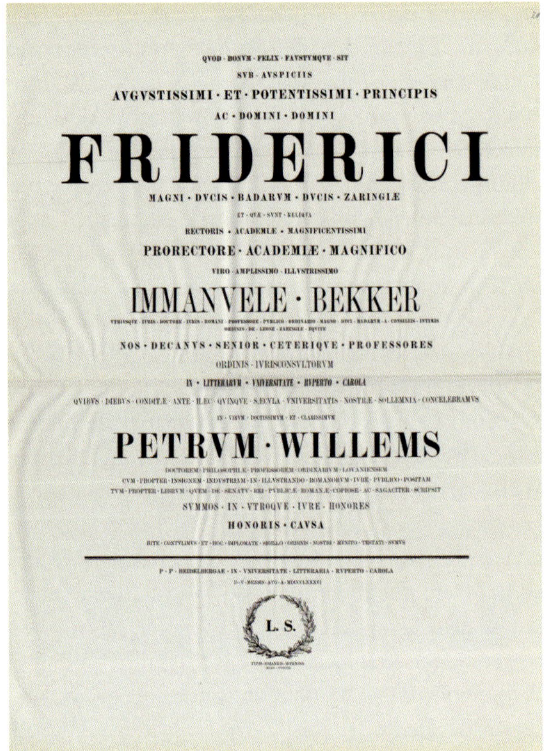
QVOD · BONVM · FELIX · FAVSTVMQVE · SIT
SVB · AVSPICIIS
AVGVSTISSIMI · ET · POTENTISSIMI · PRINCIPIS
AC · DOMINI · DOMINI
FRIDERICI
MAGNI · DVCIS · BADARVM · DVCIS · ZARINGIÆ
ET · QVÆ · SVNT · RELIQVA
RECTORIS · ACADEMIÆ · MAGNIFICENTISSIMI
PRORECTORE · ACADEMIÆ · MAGNIFICO
VIRO · AMPLISSIMO · ILLVSTRISSIMO
IMMANVELE · BEKKER
NOS · DECANVS · SENIOR · CETERIQVE · PROFESSORES
ORDINIS · IVRISCONSVLTORVM
IN · LITTERARVM · VNIVERSITATE · RVPERTO · CAROLA
QVIBVS · DIEBVS · CONDITÆ · ANTE · HÆC · QVINQVE · SÆCVLA · VNIVERSITATIS · NOSTRÆ · SOLLEMNIA · CONCELEBRAMVS
IN · VIRVM · DOCTISSIMVM · ET · CLARISSIMVM
PETRVM · WILLEMS
DOCTOREM · PHILOSOPHIÆ · PROFESSOREM · ORDINARIVM · LOVANIENSEM
CVM · PROPTER · INSIGNEM · INDVSTRIAM · IN · ILLVSTRANDO · ROMANORVM · IVRE · PVBLICO · POSITAM
TVM · PROPTER · LIBRVM · QVEM · DE · SENATV · REI · PVBLICÆ · ROMANÆ · COPIOSE · AC · SAGACITER · SCRIPSIT
SVMMOS · IN · VTROQVE · IVRE · HONORES
HONORIS · CAVSA
RITE · CONTVLIMVS · ET · HOC · DIPLOMATE · SIGILLO · ORDINIS · NOSTRI · MVNITO · TESTATI · SVMVS
P · P · HEIDELBERGAE · IN · VNIVERSITATE · LITTERARIA · RVPERTO · CAROLA
L. S.

Afb. 21 – Gedrukt diploma van het doctoraat honoris causa in de rechten dat op 5 augustus 1886 aan Pieter Willems werd toegekend door de universiteit van Heidelberg naar aanleiding van haar 500-jarig bestaan. (Archiv der Karl-Ruprecht-Universität Heidelberg)

Afb. 22 – Bronzen erepenning, aan Pieter Willems in 1878 verleend door de *Societé pour le Progrès des Études Philologiques et Historiques* voor zijn studie over de Romeinse senaat voor Augustus. De penning werd in 1910 door Willems' zoon aan de Koninklijke Bibliotheek te Brussel geschonken. (Kon. Bibliotheek van België - Penningkabinet)

over de senaat van zijn *Storia della costituzione romana*[6]. De meest diepgaande en evenwichtige beoordeling van Willems' merites lezen we in de doctorale studie van Marianne Bonnefond-Coudry, goed honderd jaar na het verschijnen van Willems' bekroonde studie. Ze vat zijn verdiensten als volgt samen:

> "*Les deux grandes sommes parues dans les années 1878 à 1896 sont la monographie consacrée par P. Willems, qui était déjà l'auteur d'un traité sur les institutions politiques romaines, au Sénat de la République, et la partie du Droit Public Romain de T. Mommsen qui porte sur le Sénat. Ouvrages très comparables dans la forme, mais qui procèdent de démarches radicalement différentes. Celui de Willems en effet se situe à la confluence de la tradition antiquariste, qui remonte à la Renaissance, et du courant plus récent de l'histoire constitutionelle (Verfassungsgeschichte), c'est-à-dire qu'il associe l'analyse juridique à la perspective historique. Mais, dépourvu d'idées directrices qui eussent permis une synthèse, il demeure essentiellement descriptif, et sa valeur réside surtout dans les études prosopographiques du premier volume, qui comporte des reconstitutions de l'effectif du Sénat à différentes dates. Le second présente, selon un plan maladroit, les rapports avec les comices, puis le déroulement des séances, et dresse ensuite un tableau des compétences du Sénat*"[7].

De eer die Willems in zijn tijd met zijn baanbrekende en meticuleus samengestelde wetenschappelijke werk te beurt viel, is terecht. Zagen vakgenoten van het hoogste niveau dit in de 19de eeuw, ook vandaag blijft Willems' naam doorleven in studies over het Romeinse recht en de Romeinse staatsinstellingen. In zijn *Patricians and Plebeians: The Origin of the Roman State* (Ithaca-Londen, 1990) gaat Richard E. Mitchell uitvoerig in dialoog met Mommsen én Willems. Ook T. Corey Brennan, *The Praetorship in*

6 DE MARTINO 1958-1972², pp. 473-487.

7 BONNEFOND-COUDRY 1989, p. 2.

the Roman Republic, 2 vols. (Oxford, 2000), citeert nog steeds uit Willems' *Le Sénat de la république romaine*, terwijl Francis X. Ryan, *Rank and Participation in the Republican Senate* (Stuttgart, 1998) zijn studie begint met Willems.

Sandys, de grote historicus van de discipline zelf van de Klassieke Filologie en Oude Geschiedenis, heeft Willems' temperament, ziel, genie en werkkracht met Engelse flair gestileerd. Willems de academicus had voor hem vooral één grote en te bewonderen karaktertrek: "*he gave proof of his possession of that genius which consists in an infinite capacity for taking pains*". Daardoor, zo concludeerde Sandys, evenaarde hij zijn illustere Leuvense voorganger Lipsius.

4. *Monsieur* Willems als vooraanstaand burger van Leuven

Marika Ceunen

Op de gezinsfiche van weduwe Willems in de burgerlijke stand 1850-1860 van het gemeentearchief Maastricht staat bij zoon Pieter de vermelding "ingeschreven te Leuven 1 augustus 1857". De 'keuze' om hier en niet in het nabijere Luik te gaan studeren, is niet verrassend. Ze is wellicht voor het grootste deel veroorzaakt door het feit dat Willems – net als zijn klasgenoot Jan Antonie Zeegelaar – een studiebeurs uit het fonds Mathias Wijnants kreeg[1]. Ook voor Willems vonden al andere Maastrichtenaren (al dan niet via de financiële hulp van een Wijnantsbeurs) hun weg naar de belangrijkste katholieke onderwijsinstelling van de zuidelijke Nederlanden. En voor de ruime 19de eeuw past Willems daarbij in een opmerkelijk rijtje van Maastrichtse bollebozen die na hun universitaire studies ook in Leuven zijn gebleven als hoogleraar. Zo waren de natuurkundige Jan Pieter Minckele(e)rs (1748-1824), de fysicus en astronoom Jacques Guillaume Crahay (1789-1855) en de schei- en plantkundige Marten Martens (1797-1863) ook allemaal uit Maastricht afkomstig. De twee laatstgenoemden hadden hun middelbare opleiding ook aan het Atheneum genoten en waren er zelfs een tijdje leraar geweest. Toen de 17-jarige Pieter Willems dus begin augustus 1857 uit zijn geboortestad naar Leuven vertrok, zette hij een reeds gevestigde traditie voort.

Anders dan de Maastrichtse ambtenaar van de burgerlijke stand toen noteerde, liet de jonge student zich bij zijn aankomst echter niet registreren als inwoner van Leuven. Dat werd ook toen blijkbaar niet van studenten verwacht. Willems' eerste formele aanmelding bij de stad Leuven dateert van 11 november 1863. Hij was toen terug van zijn buitenlandse studieverblijven in Parijs, Berlijn en Leiden en werd door de Letterenfaculteit geroepen om professor Jan Baptist David (1801-1866) te vervangen voor het geven van vertaaloefeningen van Latijnse schrijvers aan de classici in opleiding. Het bevolkingsregister vanaf 1856 vermeldt hem als

1 Cf. de bijdrage van R. de la Haye in dit boek.

professeur, "geboren te Maestricht en wonend in de Parijsstraat 89"[2]. Bovendien werd genoteerd: "*a reçu la qualité de Belge*"; en ook "*Naturalisé ayant fait la déclaration voulu par l'art 1 de la loi du 4 juin 1839 dans la conservation de la qualité de Belge, le 8 avril 1861*". In het bevolkingsregister van 1866 zijn er aan Willems inschrijving twee dingen veranderd: zijn adres in Leuven luidt dan Parijsstraat 94 en er staat "*entrée Hasselt 11/11/1863*"[3].

Gezin

Drie jaar nadat Pieter Willems zich definitief in Leuven had gesetteld en als jonge hoogleraar aan zijn universitaire carrière was begonnen, trouwde hij op 26 september 1867 met de vijf jaar jongere Marie Valentine Stephanie Clémence Henot (° 26/12/1845 te Leuven). Het burgerlijk huwelijk van het echtpaar Willems-Henot had op zaterdag 28 september om 8.30 uur in het Leuvense stadhuis plaats[4]. De kerkelijke trouw volgde diezelfde dag in de Sint-Joriskerk van Sint-Joris-Weert. Wie echter de registers van de burgerlijke stand van Sint-Joris-Weert raadpleegt, zal ook daarin op datum van 28 september 1867 een huwelijksakte tussen Pieter Willems en Clémence Henot aantreffen. Deze akte bestaat echter eerst sinds het interbellum en is niet geldig, d.w.z. er heeft die zaterdag – uiteraard – niet nog een burgerlijke trouw voor de ambtenaar van de burgerlijke stand in Sint-Joris-Weert plaatsgevonden. Tijdens de Eerste Wereldoorlog werden echter zowel de registers van de burgerlijke stand in deze gemeente als de kopieën ervan die zich bij de rechtbank van Eerste Aanleg in Leuven bevonden door brand vernietigd. Dat noodzaakte de overheid na 1918 ertoe om van de registers van de burgerlijke stand van o.a. Sint-Joris-Weert een kopie te reconstrueren op basis van de wel bewaard gebleven parochieregisters[5]. Daarbij is kennelijk over het hoofd gezien dat niet elk kerkelijk huwelijk in deze parochie ook voorafgegaan moest zijn door een burgerlijk huwelijk in dezelfde gemeente. In het geval van het echtpaar Willems-Henot leidde dat tot de reconstructie van een burgerlijke huwelijksakte waarvan het origineel nooit bestaan heeft.

Via zijn huwelijk bevestigde de 27-jarige professor Willems zijn opname in de toplaag van de Leuvense burgerij. Zijn vrouw was de jongste dochter van Philippe Henot (° 23/02/1797 in Mechelen), rechter bij de rechtbank van Eerste Aanleg te Leuven en vanaf 1843 onafgebroken lid van het Leuvense schepencollege en provincieraadslid. De Mechelse familie Henot was actief in de magistratuur en politiek geëngageerd voor de katholieke partij. Grootvader Paul Joseph was procureur des Konings en Philippes jongere broer Jean-François (1799-1865) was in Mechelen rechter bij de rechtbank van Eerste Aanleg geweest en zetelde van 1841 tot 1848 ook als volksvertegenwoordiger voor het arrondissement Mechelen in de kamer. Willems' schoonmoeder, Jeanne Cécile van Elewyck (°27-12-1799 in Leuven), was afkomstig uit een vooraanstaande en vermogende Leuvense familie. Maar zij was reeds in 1846 overleden. Clémence Henot was het jongste van zeven kinderen van schepen Henot[6]. Pierre Willems raakte via zijn huwelijk dus meteen gelieerd met een (Franstalige) schoonfamilie, waarvan de mannen hoge functies bekleedden in de magistratuur en het leger. Zijn oudste schoonbroer Victor Henot was substituut te Leuven en later procureur te Ieper en een van zijn zwagers, Odon de Meren, was advocaat bij het Hof van Beroep te Brussel en vrederechter te Sint-Joost-ten-Node. Een andere schoonbroer van Willems was kapitein-commandant van het

2 SAL, Bevolkingsregister 1856, f° 9318.

3 SAL, Bevolkingsregister 1866, f° 6123.

4 SAL, Burgerlijke stand – Huwelijken 1867, akte nr. 208.

5 Mondelinge mededeling van dr. Marc Carnier, rijksarchivaris bij het Rijksarchief Vlaams-Brabant te Leuven.

6 Willems' echtgenote wordt in de bijdragen van dit boek Clémence Henot genoemd, omdat ze met die voornaam op de rouwbrief van haar vader vermeld staat. Haar laatste voornaam is dus kennelijk haar roepnaam geweest. Cf. SAL, verzameling rouwbrieven.

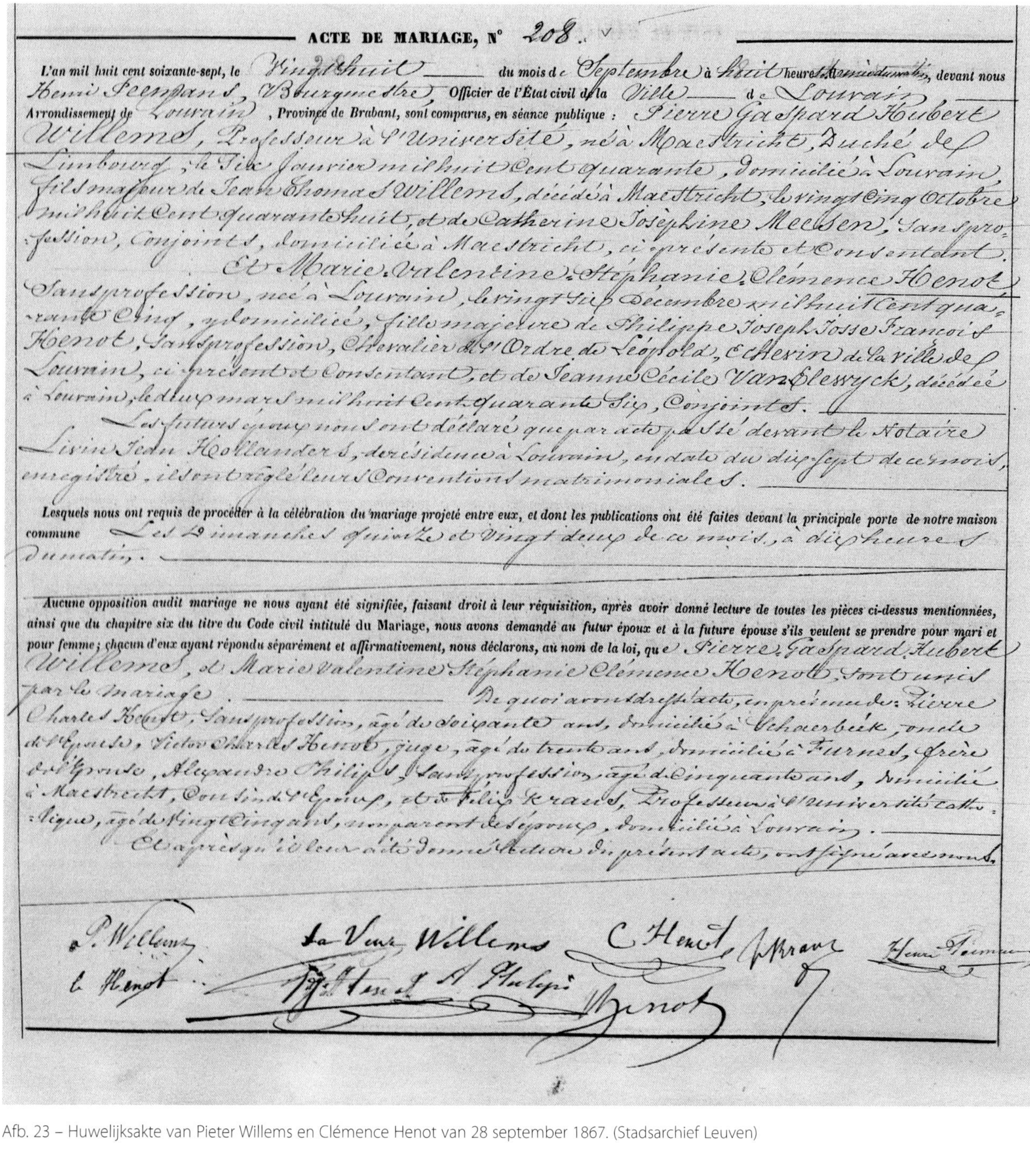

ACTE DE MARIAGE, N° 208.

L'an mil huit cent soixante-sept, le Vingt huit du mois de Septembre à huit heures, devant nous Henri Peemans, Bourgmestre, Officier de l'État civil de la Ville de Louvain Arrondissement de Louvain, Province de Brabant, sont comparus, en séance publique : Pierre Gaspard Hubert Willems, Professeur à l'Université, né à Maestricht, Duché de Limbourg, le six janvier mil huit cent quarante, domicilié à Louvain, fils majeur de Jean Thomas Willems, décédé à Maestricht, le vingt cinq Octobre mil huit cent quarante huit, et de Catherine Joséphine Meelsen, sans profession, conjoints, domiciliée à Maestricht, ici présente et consentante.

Et Marie Valentine Stéphanie Clémence Henot sans profession, née à Louvain, le vingt six Décembre mil huit cent quarante cinq, y domiciliée, fille majeure de Philippe Joseph Josse François Henot, sans profession, Chevalier de l'Ordre de Léopold, Echevin de la ville de Louvain, ici présent et consentant, et de Jeanne Cécile Van Elewyck, décédée à Louvain, le deux mars mil huit cent quarante six, conjoints.

Les futurs époux nous ont déclaré que par acte passé devant le Notaire Livin Jean Hollanders, de résidence à Louvain, en date du dix-sept de ce mois, enregistré, ils ont réglé leurs conventions matrimoniales.

Lesquels nous ont requis de procéder à la célébration du mariage projeté entre eux, et dont les publications ont été faites devant la principale porte de notre maison commune Les Dimanches quinze et vingt deux de ce mois, à dix heures du matin.

Aucune opposition audit mariage ne nous ayant été signifiée, faisant droit à leur réquisition, après avoir donné lecture de toutes les pièces ci-dessus mentionnées, ainsi que du chapitre six du titre du Code civil intitulé du Mariage, nous avons demandé au futur époux et à la future épouse s'ils veulent se prendre pour mari et pour femme; chacun d'eux ayant répondu séparément et affirmativement, nous déclarons, au nom de la loi, que Pierre Gaspard Hubert Willems, et Marie Valentine Stéphanie Clémence Henot, sont unis par le mariage. De quoi avons dressé acte, en présence de: Pierre Charles Henot, sans profession, âgé de soixante ans, domicilié à Schaerbeek, oncle de l'épouse, Victor Charles Henot, juge, âgé de trente ans, domicilié à Furnes, frère de l'épouse, Alexandre Philips, sans profession, âgé de cinquante ans, domicilié à Maestricht, cousin de l'époux, et de Filip Kraus, Professeur à l'Université catholique, âgé de vingt cinq ans, non parent des époux, domicilié à Louvain.

Et après qu'il leur a été donné lecture du présent acte, ont signé avec nous.

P. Willems — la Veuve Willems — C Henot — Kraus — Henri Peemans — C Henot — Henot — A Philips — Henot

Afb. 23 – Huwelijksakte van Pieter Willems en Clémence Henot van 28 september 1867. (Stadsarchief Leuven)

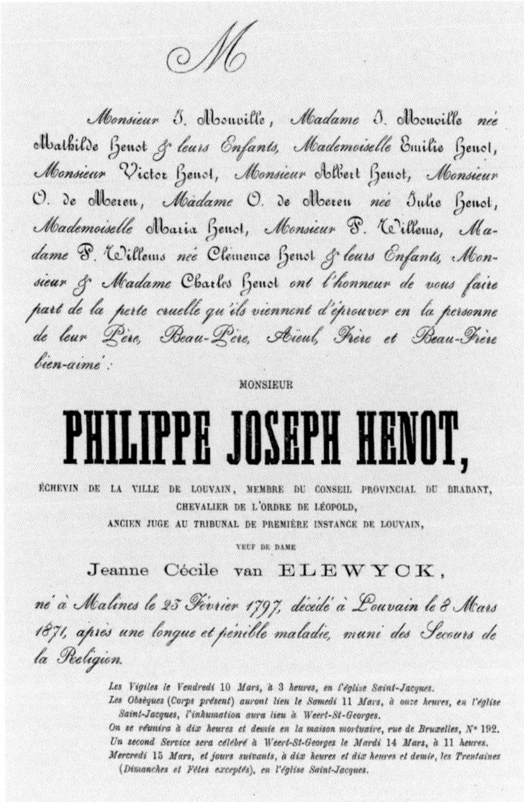

M

Monsieur J. Monville, Madame J. Monville née Mathilde Henot & leurs Enfants, Mademoiselle Emilie Henot, Monsieur Victor Henot, Monsieur Albert Henot, Monsieur O. de Meren, Madame O. de Meren née Julie Henot, Mademoiselle Maria Henot, Monsieur P. Willems, Madame P. Willems née Clémence Henot & leurs Enfants, Monsieur & Madame Charles Henot ont l'honneur de vous faire part de la perte cruelle qu'ils viennent d'éprouver en la personne de leur Père, Beau-Père, Aïeul, Frère et Beau-Frère bien-aimé :

MONSIEUR

PHILIPPE JOSEPH HENOT,

ÉCHEVIN DE LA VILLE DE LOUVAIN, MEMBRE DU CONSEIL PROVINCIAL DU BRABANT,
CHEVALIER DE L'ORDRE DE LÉOPOLD,
ANCIEN JUGE AU TRIBUNAL DE PREMIÈRE INSTANCE DE LOUVAIN,

VEUF DE DAME

Jeanne Cécile van ELEWYCK,

né à Malines le 25 Février 1797, décédé à Louvain le 8 Mars 1871, après une longue et pénible maladie, muni des Secours de la Religion.

Les Vigiles le Vendredi 10 *Mars, à* 3 *heures, en l'église Saint-Jacques.*
Les Obsèques (Corps présent) auront lieu le Samedi 11 *Mars, à onze heures, en l'église Saint-Jacques, l'inhumation aura lieu à Weert-St-Georges.*
On se réunira à dix heures et demie en la maison mortuaire, rue de Bruxelles, N° 192.
Un second Service sera célébré à Weert-St-Georges le Mardi 14 *Mars, à* 11 *heures.*
Mercredi 15 *Mars, et jours suivants, à dix heures et dix heures et demie, les Trentaines (Dimanches et Fêtes exceptés), en l'église Saint-Jacques.*

Afb. 24 – Rouwbrief van Philippe Joseph Henot, Willems' schoonvader, Leuvense schepen en provincieraadslid. (Stadsarchief Leuven)

Eerste Regiment der Gidsen en getrouwd met de dochter van het Brabantse provincieraadslid Charles de Lueseman, een broer van de Luikse provinciegouverneur. Joseph Lossin Monville, kapitein bij het 2[de] Lanciers, was getrouwd met een schoonzus van Willems en een oom van zijn vrouw, Albert Henot, was luitenant-generaal bij de cavalerie.

Het jonge echtpaar Willems-Henot nam bij zijn huwelijk zijn intrek in een huis aan het Sint-Jacobsplein 22. Bij de registratie van deze adreswijziging luidt de datum bij de herkomstvermelding voor Pieter Willems: "*Entrée Hasselt 4/11/1863*"[7].

Tussen 1868 en 1885 kregen Pieter Willems en Clémence Henot drie zonen en zes dochters. Het middelste kind, Jean, overleed reeds op negenjarige leeftijd in de zomer van 1885. De oudste zoon, Karel Willems, werd cavalerie-officier bij het 4e Lanciers. Alleen hij was getrouwd toen gezinshoofd Pieter Willems in 1898 overleed. De tweede zoon, Joseph, studeerde rechten en werd hoogleraar te Luik. Van de meisjes – Cécile, Maria, Valentine, Clémence, Caroline en Julie – trad er eentje in het klooster bij de Dames de Berliamont, een andere trouwde in 1905 met de notariszoon en burgemeester van Braives, de heer Paul Cartuyvels.

Bij de geboorte van het vierde kind, in maart 1874, verhuisde het gezin Willems naar de ouderlijke woning van Clémence in de Brusselsestraat 192 (vandaag huisnummer 190). Dit imposante herenhuis werd in 1789 gebouwd in opdracht van François Marci, de proost van de Sint-Pieterskerk. Hij liet het smaakvol inrichten, onder meer met schilderwerk van de bekende barokschilder Pieter Jozef Verhaghen (1728-1811)[8]. Volgens stadsarchivaris Edward Van Even (1821-1905) bevonden zich ten tijde dat het gezin Willems het huis bewoonde in het salon ook nog schilderijen van Josse-Pieter Geedts (1770-1834) en van zijn zoon Pieter-Paul Geedts (1793-1856). Van Even, die Willems goed kende via *Met Tijd en Vlijt*, was duidelijk onder de indruk van de imposante omvang van de schilderijen. Hij laat niet na te vermelden dat de zeven doeken wel 2 meter hoog waren[9]. Deze schilderijen werden na de verkoop van het huis in 1906 openbaar verkocht, zo leert ons een advertentie uit *Le Journal des Petites Affiches*[10].

Het herenhuis aan de Brusselsestraat werd tot aan zijn dood in 1871 bewoond door Willems' schoonvader, schepen Henot en zijn kinderen. In 1867 had niet alleen de jongste dochter Clémence de

---

7 SAL, Bevolkingsregister 1866, f° 5383.

8 https://inventaris.onroerenderfgoed.be/dibe/relict/42246.

9 E. VAN EVEN 1895, p. 546.

10 *Journal des Petites Affiches* 5 juli 1906; 27 juli 1906, p. 665; 29 juli 1906, p. 724.

ouderlijke woning verlaten: haar broer Albert verhuisde in dat jaar naar Sint-Joost-ten-Node en haar broer Victor naar Veurne. Hij kwam in 1869 echter opnieuw bij zijn vader in de Brusselsestraat wonen, waar ook de twee ongehuwde dochters Emilie en Maria nog inwoonden. In 1871 overleed vader Henot en verhuisde zijn dochter Adèle naar Sint-Joost-ten-Node. In april 1874 verhuisde Victor Henot, inmiddels voorzitter van de Leuvense Rechtbank van Eerste Aanleg, met zijn twee ongetrouwde zussen Maria en Emilie naar de Maria-Theresiastraat 127. De ouderlijke woning werd toen eigendom van het echtpaar Willems-Henot, dat er zich ook definitief vestigde. De Sint-Jacobskerk aan de overkant van de straat was Willems' parochiekerk, die hij als Leuvenaar heel zijn leven trouw bleef bezoeken. Als notabele parochiaan was hij lid van de kerkfabriek. Na Willems' dood en het uitvliegen van de oudere kinderen, verkocht zijn weduwe in 1906 het Leuvense woonhuis in de Brusselsestraat en verhuisde definitief naar het Biesenhof in Sint-Joris-Weert.

Grondbezitter en vastgoedeigenaar

Zijn eigen inkomen als hoogleraar gecombineerd met het vermogen van zijn echtgenote maakten van Willems een kapitaalkrachtige burger. Via de erfenis van zijn vrouw werd hij (mede-)eigenaar van het Biesenhof en van percelen grond errond in Sint-Joris-Weert. In de lokale Leuvense krant van katholieke signatuur *Le Journal des Petites Affiches* – uitgegeven door drukkerij Van Linthout, die ook alle drukwerk voor de universiteit leverde – verschenen jaar na jaar aankondigingen voor de verkoop van hooi en/of kaphout op deze uitgestrekte gronden. Financieel ging het Pieter Willems vanaf zijn vestiging in Leuven in almaar stijgende lijn voor de wind. De gezinsfiche Willems-Henot maakt voor de periode 1880-1889[11] melding van 6 "*servantes*", die inwoonden in het riante huis aan de

1314 **Openbare verkooping** 24
van schoonen HOOIWAS.
De hussier OPDENBOSCH, te Leuven, zal op woensdag 19 juni 1889, om negen uren 's morgens, ter herberge van Franciscus Steenbeek, te St-Joris-Weert, publiek verkoopen, verscheidene koopen schoonen hooiwas, wegens de heeren Henot, Willems, Michaux, Vanderbist, vrouwe Thirion-Michaux, wed. Charlier, wed. Coppens, kinderen Vonckx en andere.

Afb. 25 – Aankondiging in *Le Journal des Petites Affiches* d.d. 16 juni 1889 van de openbare verkoop van de hooioogst op de eigendommen van o.a. Pieter Willems te Sint-Joris-Weert. (Stadsarchief Leuven)

Brusselsestraat. Drie ervan werden uitgeschreven in de periode 1887-1888. Op de tienjaarlijkse fiche van 1890-1899 staan nog drie huisbedienden en twee leraressen ingeschreven als inwonend bij het gezin Willems[12].

Zijn woning in de Brusselsestraat was dan ook niet de enige onroerende eigendom die de professor in Leuven verwierf. Gaandeweg had hij de middelen om in vastgoed te beleggen. Hij kocht met name gronden in die delen van de Leuvense binnenstad die na het aanleggen van de tweede ringmuur nooit bebouwd waren geraakt, maar die in de laatste decennia van de 19de eeuw via de aanleg van nieuwe huizenblokken juist volop tot ontwikkeling kwamen. Zo diende hij in 1875 bij de stadsadministratie een vergunningsaanvraag in voor het bouwen van 4 rijhuizen op eigendomsgrond in de Riddersstraat (de huidige huisnummers 16 tot en met 22)[13]. In 1879 volgde een aanvraag om aan elk huis nog een achterkeuken bij te bouwen. Drie jaar daarna was Willems ook eigenaar geworden van het aanpalende huis in de Riddersstraat 14 en vroeg hij de stedelijke overheid toestemming om dit te renoveren[14].

11 SAL, Bevolkingsregister 1880, f° 8566.

12 SAL, Bevolkingsregister 1890, f° 8063.

13 SAL, *Bouwvergunningen Leuven (1830-1976)* – 284/Riddersstraat; 285/Riddersstraat.

14 SAL, *Bouwvergunningen Leuven (1830-1976)* – 291/Riddersstraat.

De Van 't Sestichstraat

Ook in een ander deel van Leuven dat eind 19de eeuw voor het eerst bewoning kreeg, was Willems actief op de vastgoedmarkt met een vrij uniek en spectaculair resultaat. Hij diende op 15 juni 1878 bij het college van burgemeester en schepenen van Leuven een voorstel in om over zijn eigendom gelegen aan het einde van de Vesaliusstraat een nieuwe straat aan te leggen, die hij dan aan weerszijden met huizen zou bebouwen[15]. Willems had daarbij een soort sociaal bouwproject voor ogen: "*Il est générallement reconnu*", zo bracht hij de stadsbestuurders onder ogen,

> "*que la majorité des habitations ouvrières dans la ville de Louvain est fort défectueux au point de vu de la salubrité publique, et d' ailleurs le loyer relativement élevé de ces habitations prouve que leur nombre est trop restreint pour la population ouvrière de la ville. Il est dans l'intéret de l'administration communale de favoriser la construction d'habitations ouvrières dans des bonnes conditions hygiéniques. Mon intention est de bâtir dans mes proprietés sus mentionnées une cité ouvrière qui réunisse ces conditions. Mais plutôt que de vous demander l'autorisation d'y établir une impasse avec la largeur réglementaire, je vous propose d'y percer une rue à laquelle je donnerai onze mètres de largeur, c'est-à-dire la largeur de la Rue Marie-Thérèse. Il est évidemment plus utile aussi bien à la ville qu'aux populations ouvrières d'ouvrir une large voie de communication qu'une ruelle fermée et plus étroite. De plus, une telle rue pourrait comprendre, entre les maisons ouvrières proprements dites, quelques magasins et même une ou deux habitations de plus belle apparence, afin d'introduire de la variété dans les constructions et de donner un aspect agréable à leur ensemble.*"

Dit door Willems voorgestelde bouwproject zou enkele jaren later resulteren in de Van 't Sestichstraat, als nieuwe verbindingsweg tussen de Parkstraat en de toenmalige Hoornstraat (tegenwoordig de Hendrik Consciencestraat), waar Willems bouwheer en eigenaar werd van meer dan 20 woningen. Maar de realisatie van deze onderneming verliep duidelijk trager dan Willems zelf wou en werd ook geen toonbeeld van wat vandaag een goede publiek-private-samenwerking zou genoemd worden. Al meteen aan het begin mocht de ondernemende Willems namelijk ondervinden dat de stad haar financieel aandeel in dit project vooral tot het absolute minimum wou beperken. Als gevolg van zijn voorstel raamde de directeur van de stedelijke dienst der werken, Eugène Frische (1850-1919), de kosten voor het bestraten van deze nieuwe verbindingsweg op 10.000 frank en adviseerde het stadsbestuur daarom negatief. In een brief van 29 juni 1878 reageerde de grondeigenaar evenwel ad rem en erg tegemoetkomend. Willems wees erop dat niet moest uitgegaan worden van een te bestraten oppervlakte van 100 meter lengte bij 11 meter breedte, want dat de aanleg van de stoepen – voor beide straatzijden samen 3 meter – altijd ten koste van de bouwheer waren. Voor de te bestraten oppervlakte in de nieuwe straat moest volgens hem dan ook als realistische raming van 800 m^2 uitgegaan worden. Bovendien was het, aldus Willems, ook niet noodzakelijk om dat volledig met nieuwe kasseien te doen. In de mate waarin ze door heraanleg van bestaande, belangrijke straten in Leuven zouden beschikbaar komen, konden ook reeds vroeger aangekochte kasseien hergebruikt worden. Zelf raamde Willems de bestratingskosten op 4.000 frank en hij verklaarde zich bereid om de helft van dat bedrag voor zijn rekening te nemen.

Er ging een zomer overheen en de volgende brief van Willems die in het dossier over de aanleg van de Van 't Sestichstraat bewaard is, dateert van 6 oktober 1878. De aanhef ervan luidt: "*Rentré à Louvain après une absence de plusieurs semaines, j'y ai trouvé la réponse que vous avez bien voulu m'envoyer sous la date du 12 septembre (voirie n° 32691 à ma lettre du 27 juin dernier*"[16]. Willems somt vervolgens de voorwaarden op die het stadsbestuur hem oplegt om

15 SAL, *MAL (1830-1976)*, nr.11336.

16 SAL - *MAL (1830-1976)*, nr.11336.

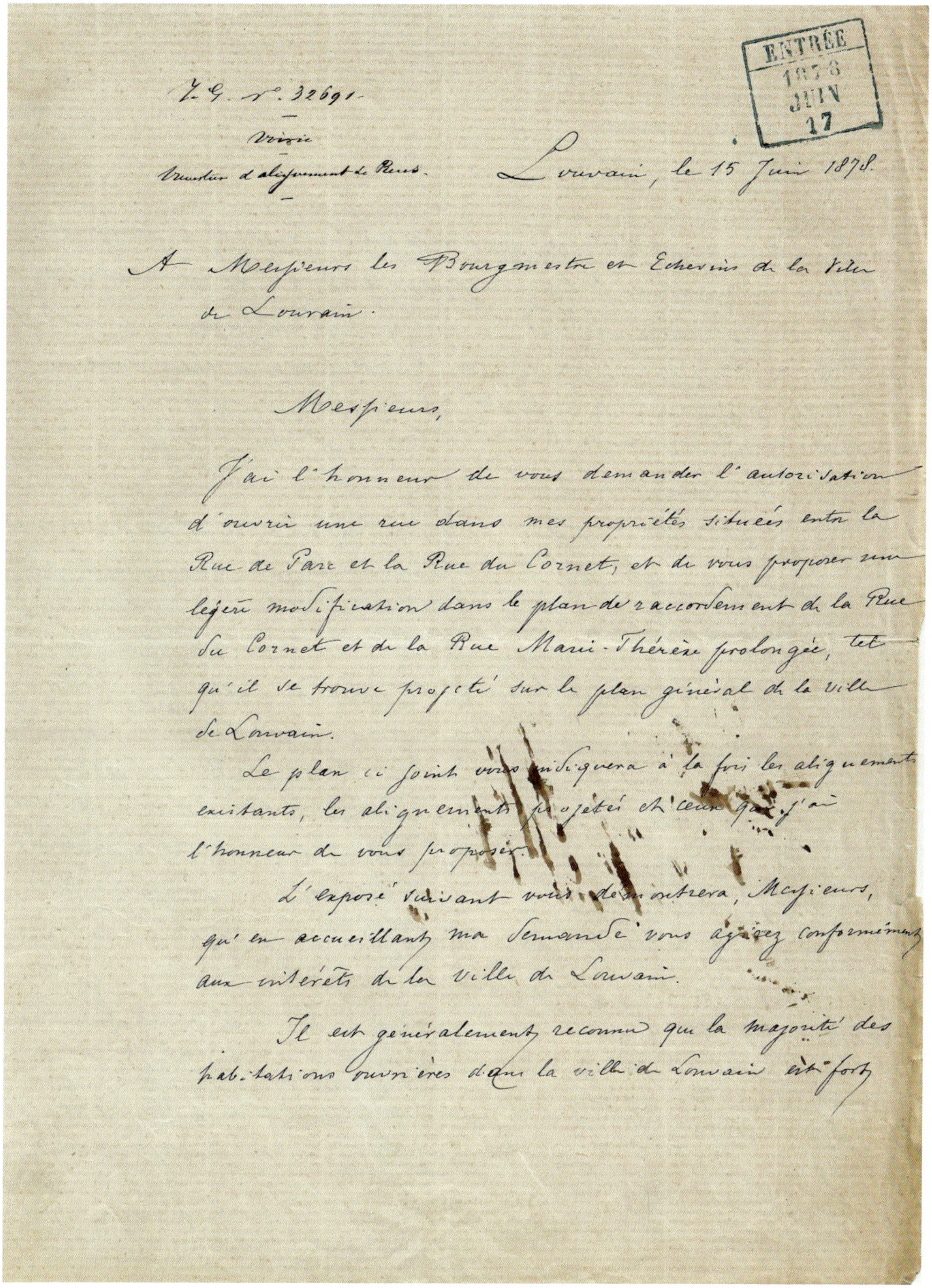

ENTRÉE
1878
JUIN
17

V. G. n° 32691.

Voirie

Demande d'alignement de Rues.

Louvain, le 15 Juin 1878.

A Messieurs les Bourgmestre et Echevins de la Ville de Louvain.

Messieurs,

J'ai l'honneur de vous demander l'autorisation d'ouvrir une rue dans mes propriétés situées entre la Rue de Parc et la Rue du Cornet, et de vous proposer une légère modification dans le plan de raccordement de la Rue du Cornet et de la Rue Marie-Thérèse prolongée, tel qu'il se trouve projeté sur le plan général de la Ville de Louvain.

Le plan ci joint vous indiquera à la fois les alignements existants, les alignements projetés et ceux que j'ai l'honneur de vous proposer.

L'exposé suivant vous démontrera, Messieurs, qu'en accueillant ma demande vous agirez conformément aux intérêts de la Ville de Louvain.

Il est généralement reconnu que la majorité des habitations ouvrières dans la ville de Louvain est fort

Afb. 26 – Brief d.d. 15 juni 1878 waarmee Pieter Willems zijn voornemen aan het stadsbestuur van Leuven voorlegde om een verbindigsstraat aan te leggen tussen de Park- en de Hoornstraat. (Stadsarchief Leuven)

de aanleg van een straat over zijn eigendom in overweging te nemen. Het betreft volgende zaken:

1° de grond nodig om de nieuwe straat aan te leggen en voor de rechttrekking van de Parkstraat wordt door Willems gratis beschikbaar gesteld;
2° de aanleg van riolering in de nieuwe straat op Willems' kosten;
3° de stoepen zelf aan te leggen en te voorzien in straatverlichting;
4° de loonkosten voor het bestraten van de nieuwe weg te dragen, als de stad de kasseien daarvoor levert "*de sorte que la ville n'aurait qu'a relever à neuf des autres parties de la voirie urbaine donneraient es pavés de remploi disponibles.*"

Willems stemde met deze voorwaarden in, maar maakte wel voorbehoud bij de clausule dat hij als eigenaar van de huizen ook zou moeten opdraaien voor de kosten van de straatverlichting. "*S'il est naturel que des propriétaires d' impasses soient chargés de l'éclairage de leurs propriétés, il ne me semble pas équitable d'imposer cette charge à un particulier, quand il s'agit d'une rue qui fera partir de la voirie publique. En effet la nouvelle rue à ouvrir ne servira pas seulement de passage aux locataires des maisons qui y seront bâtus, mais encore aux habitants de toutes les rues voisines*"[17].

De toezegging van de toekomstige bouwheer op deze voorwaarden bracht kennelijk wat schot in de zaak, zeker van Willems' kant. Op 26 november 1878 stuurde hij "*un projet de plan des travaux que je me propose d'exécuter dans la nouvelle rue à ouvrir*". De stadsdiensten beoordeelden het ingediende project en gaven gunstig advies. Op 26 juni 1879 werd Willems in kennis gesteld van de positieve beslissing die de gemeenteraad van 9 juni had genomen ten aanzien van zijn aanvraag. Een bijkomende vraag was wel dat Willems schriftelijk zou instemmen met de volgende, door de dienst der werken gestelde, voorwaarden:

1° Willems bouwproject moet starten met het optrekken van twee woningen aan elk uiteinde van de nieuw aan te leggen straat en eveneens twee op de plaats waar een bocht zou komen;
2° alle andere woningen aan de beide straatzijden moeten binnen een periode van maximum 10 jaar opgetrokken zijn;
3° zodra het tracé van de nieuwe straat uitgezet is en alvorens te beginnen bouwen, moet Willems eerst een waterleiding over heel de lengte van de straat laten aanleggen;
4° in de mate waarin de bouw van woningen opschiet, moet Willems ook aan beide straatzijden stoepen aanleggen, waarvoor hij ook de "*pavés neufs à têtes plates et les bordures en petit granit*" zelf moet betalen;
5° de stad zal de kasseien om de weg mee te bestraten slechts leveren "*au fur et à mesure que les constructions seront terminées des deux côtés de la rue.*"[18]

Weerom stemde Willems met alle voorwaarden in en in zijn brief van 2 juli 1879 herhaalde hij ook nog eens de al eerder gemaakte afspraken. Voor kosten van de gasverlichting van de nieuwe straat deed hij evenwel een nieuw voorstel. "*Je vous proposerai de capitaliser les dépenses annuelles a résulter de ce chef, et de me dégrever de cette charge, en payant ce capital à la ville.*" Op 14 juli 1879 keurde de gemeenteraad op basis van het gunstige advies van stadsarchitect Frische en van Willems' schriftelijke instemming met de opgelegde voorwaarden het project goed en diende een aanvraag in bij het provinciebestuur. Tegelijk werd een onderzoek *de commodo et incommodo* bij de omwonenden ingesteld. Het dossier over de aanleg van de Van 't Sestichstraat bestaat uitsluitend uit stukken en brieven over en weer in het Frans. Enkel de handgeschreven ontwerpversie van de te afficheren aankondiging van het onderzoek *de commodo et incommodo* is in het Frans én het Nederlands. Deze tweetalige tekst verscheen ook effectief in de *Journal des Petites Affiches*[19]. Uit de "tableau descriptif" voor het project van de nieuw

17 Idem.

18 SAL, *MAL (1830-1976)*, nr.11336.

19 SAL, *Journal des Petites Affiches* van 27 juli 1879, p. 579.

STAD LEUVEN.

OPENING

EENER STRAAT

op het eigendom van M. WILLEMS, Perk straat

VERBREEDING

van een deel der Horenstraat en afschaffing van het gedeelte straat tusschen de Horen- en Vesaliusstraat.

Burgemeester en Schepenen der stad Leuven,

Gezien den brief van M. de Gouverneur van Brabant, van 21 April laatstleden, n° 300536B 30019, hen overmakende een afdruksel van het Koninklijk besluit van 10 der zelfde maand, nr 17707, goedkeurende de besluiten voorgaandelijk genomen door den gemeente Raad, hebbende voor doel : 1° het openen van eene straat op het eigendom van M. *Willems*, Park-straat ; 2° de verbreeding van een deel der Horenstraat, en 3° de afschaffing van het deel der straat tusschen de Horenstraat en de verlenging der Vesaliusstraat, vastgesteld door Koninklijk Besluit van 6 Juni 1839 ;

BESLUITEN :

Voormeld Koninklijk besluit, alsook de beraadslagingen des gemeente Raads en het tafereel van beschrijving der richting van de nieuwe straat en van de verbreedde Horenstraat zullen achter het tegenwoordige gedrukt worden, om afgekondigd en aangeplakt te worden op de gewone plaatsen.

Al degenen wien de zaak aangaat, zijn gelast na te komen en te doen nakomen, de beschikkingen welke er in bevat zijn.

Gedaan in zitting, ten Stadhuize, den 25 Mei 1880.

Op Bevel :
De Secretaris,
Eug. MARGUERY.

BURGEMEESTER EN SCHEPENEN,
LÉOP. VANDERKELEN.

Afb. 27 – Affiche waarmee de omwonenden in kennis gesteld werden van de werkzaamheden op de eigendom van de heer Willems aan de Parkstraat. (Stadsarchief Leuven)

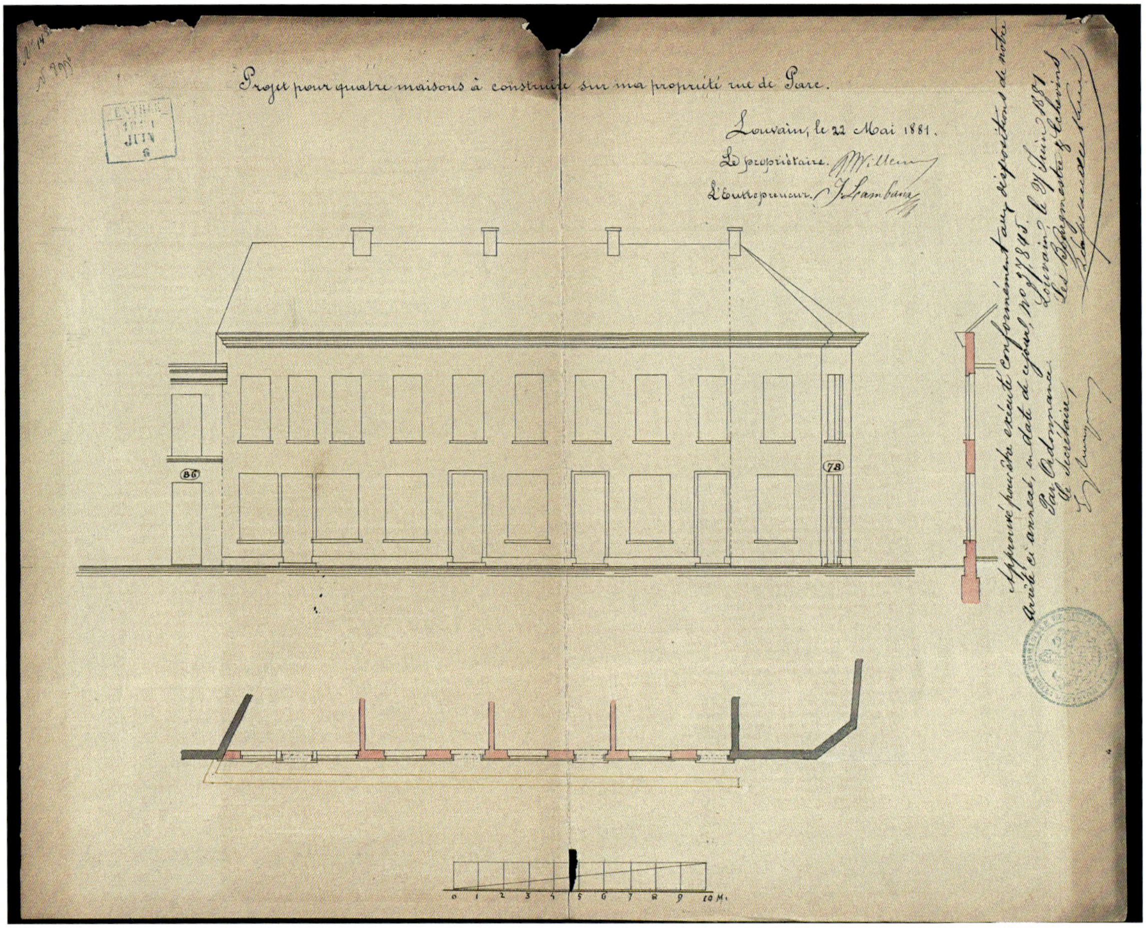

Afb. 28 – Gevelplan van de huizen die Pieter Willems in de Parkstraat bouwde als hoekhuizen met de nieuw aan te leggen Van 't Sestichstraat. (Stadsarchief Leuven)

aan te leggen straat, blijkt overigens dat Willems' initiële plan van een brede rechte straat aangepast is tot een tracé met een bocht. Maar het zou nog meer dan een jaar duren eer Willems op zijn eigendom kon beginnen bouwen.

Het stadsbestuur besliste ondertussen kennelijk eenzijdig om een notariële overeenkomst met betrekking tot het hele project te laten opstellen en stuurde Willems begin oktober 1880 de ontwerptekst daarvoor. De initiator van de nieuwe verbindingsweg toont zich in zijn antwoordbrief van 17 november 1880 zeer verbaasd: "*car, dans toute la correspondance assez longue que j'ai eu l'honneur d'avoir avec vous au sujet de la nouvelle rue, il n'a jamais été question de la nécessité d'un acte notarié*"[20]. Hij is ook te rade gegaan bij zijn schoonbroer, substituut Henot, die – zo schrijft Willems – hem heeft verzekerd dat zijn schriftelijke instemming met de gestelde voorwaarden volstaan als een contractuele verbintenis. Bovendien bevatte de ontwerptekst twee clausules die Willems allerminst zinnen. Er wordt een hypothecaire

20 SAL, *MAL (1830-1976)*, nr. 11336.

inschrijving van 5.000 frank voorzien waarmee Willems' eigendommen belast worden en de notariskosten worden hem integraal ten laste gelegd. Maar weerom is Willems meegaand. De notariskosten is hij bereid te betalen. Voor de hypotheek ziet hij evenwel geen enkele reden. De enige investeringen die hij zou kunnen nalaten te doen, hebben betrekking op de aanleg van de riolering, van de stoepen en de verlichtingskosten. De riolering, aldus Willems' argumentatie, was al bijna voltooid en voor de verlichtingskosten toonde hij zich bereid om meteen aan de stadskas 450 frank te gaan betalen; het kapitaal nodig om de jaarlijkse kosten mee te dekken. De verplichting om de stoep voor een nieuw pand te bekostigen was algemeen geldend en daar werd ook bij andere bouwheren geen hypothecaire waarborg voor geëist. De notariële overeenkomst tussen de stad Leuven en *Monsieur Pierre Willems, propriétaire, demeurant à Louvain*, die op 28 februari 1881 in het kantoor van notaris Albert Van Overstraeten werd ondertekend, bevat als bijlage een hypothecaire inschrijving d.d. 22 april 1881 ten gunste van de stadskas en ten laste van Pieter Willems voor een som van 3.000 frank, waarvoor als waarborg twee huizen, gelegen in de Parkstraat nummer 74 en 76 golden. In deze akte wordt deze som als waarborg beschreven voor het geval Willems zijn contractuele verplichtingen niet zou nakomen. De beide huizen die als onderpand voor deze hypotheek golden, waren de hoekhuizen van de nieuwe straat met de Parkstraat, die Willems in het voorjaar van 1880 samen met een derde huis in de Van 't Sestichstraat had laten

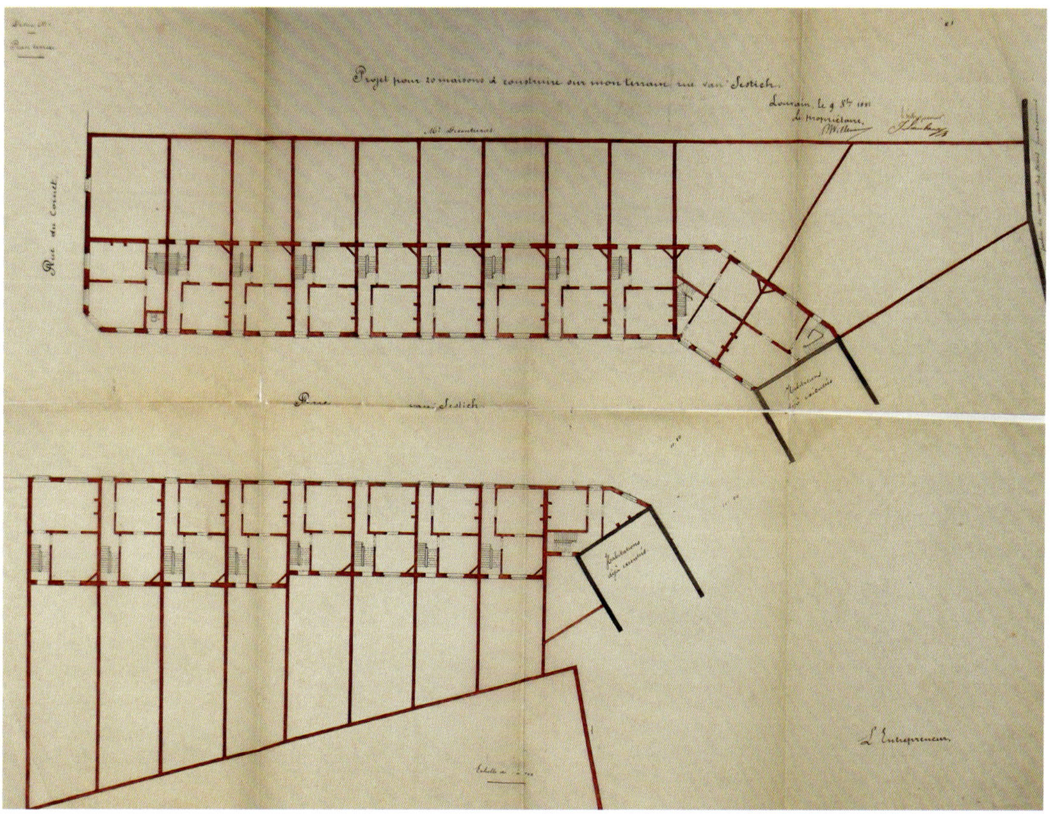

Afb. 29 – Plattegrond van de woningen die Willems aan weerzijden van de Van 't Sestichstraat heeft gebouwd. (Stadsarchief Leuven)

bouwen[21]. Voor de huizen in de nieuw aan te leggen Van 't Sestichstraat kreeg hij van het schepencollege de goedkeuring op: 26 augustus 1880 (8 huizen: nrs. 4 t.e.m. 18); op 24 april 1882 (8 huizen nrs. 1 t.e.m. 15) en op 17 oktober 1881 (20 huizen)[22]. In juni 1881 kreeg hij toestemming om nog eens vier huizen in de Parkstraat op te trekken[23].

In een brief van 30 maart 1883 meldde Willems: "*La rue Van 't Sestich est à peu près entièrement achevée. Il n'y manque plus que le pavage.*"[24] Daar waren vanaf oktober 1881 een aantal verzoeken op rij aan voorafgegaan, waarin Willems met toenemende aandrang vraagt om hem het materiaal te willen leveren, zodat hij het resterende deel van de straat van een verhard wegdek kan laten voorzien. Enkel zo zou de riolering afgedekt zijn en ook behoorlijk functioneren. Ook de gasaansluiting voor de straatlantaarns aan de zijde van de Hoornstraat bleek einde 1883 nog steeds niet gerealiseerd. Vanaf 1883 bevat het dossier klachten van bewoners van de Van 't Sestichstraat over de slechte toestand van het tweede deel van de straat. Na regenbuien stonden er grote plassen op de weg, die de doorgang bemoeilijkten en ook geurhinder veroorzaakten.

Op 30 augustus 1883 schreef de directeur van de stedelijke *service hygiénique* een dienstnota aan het schepencollege aangaande de deplorabele toestand in dat stuk van de Van 't Sestichstraat: "*l'absence d'égout force les habitants à jeter leurs eaux sales et les détruits de toutes espèces sur ce sol permiable, profondément humecté, admirablement disposé à s'imprégner de matières en décomposition et en putiefaction.* [...] *Une voie publique nouvelle ne devrait jamais être créée et habité avant que la rue ne soit bien pavée et les égouts entièrement construits*"[25]. De stadsambtenaar ondernam zelf een proef om de gezondheidsrisico's aan te tonen: "*J'ai eu la curiosité d'examiner les eaux croupissantes qui séjournent sur le sol : Je les ai trouvées remplies d'organismes microscopiques, de champignons inférieurs, de micrococcus, de bactéries, de spores en nombre et en espèces de plus variées : C'est bien là une preuve convaincante de l'activité des processus de fermentation qui s'y passent. Un jeune chat est mort en 18 heures, à la suite d'une injection d'un gramme de ce liquide injecté sous le peau au moyen d'une seringue de Pravaz*[26] *: Il a présenté tous les symptomes d'une infection putride rapide*"[27].

Huizeneigenaar Pieter Willems bleef inmiddels aandringen om zijn straat te kunnen voltooien met het door de stad te leveren bestratingsmateriaal. Op 11 juli 1884 schreef hij aan het schepencollege: "*C'est dans le milieu de la rue que l'eau reste stationnaire, et il n'y a d'autre remède que de paver la rue comme j'ai l'honneur de le demander itérativement*"[28].

Het dossier over de aanleg van de Van 't Sestichstraat bevat als allerlaatste stuk een nota van het Leuvense schepencollege op datum van 11 november 1895, waarin aan de stadsontvanger werd meegedeeld dat "*le sieur Willems a rempli les conditions stipulées dans l'acte passé le 28 fevrier 1881*" en dat de stad daarom "*s'engage à donner main-levée de l'inscriptoin hypothecaire prise*" met ingang van 23 april 1896[29].

Misschien is het geen toeval dat Pieter Willems zijn al enige tijd gekoesterde voornemen om een grootschalige dialectenquête te organiseren (cf. de bijdragen verderop in dit boek) eerst vanaf 1885 begon uit te voeren, het jaar nadat zijn plannen voor de aanleg van een nieuwe straat om er arbeiderswoningen te bouwen en verhuren eindelijk voltooid was geraakt.

21 SAL, *MAL – Bouwvergunningen Leuven (1830-1976)*, 34/Parkstraat.

22 SAL, MAL, *Bouwvergunningen Leuven* (1830-1976): 16/ Van 't Sestichstraat; 17/ Van 't Sestichstraat en 18/ Van 't Sestichstraat.

23 SAL, *MAL – Bouwvergunningen Leuven (1830-1976)*, 333/ Parkstraat.

24 Idem.

25 Ibidem.

26 De *seringue de Pravaz* was een type injectiespuit, in 1841 ontwikkeld door de Franse chirurg Charles Gabriel Pavraz.

27 SAL, *MAL (1830-1976)*, nr. 11336.

28 SAL, SAL, *MAL (1830-1976)*, nr. 11336.

29 SAL, *MAL (1830-1976)*, nr. 11336.

5. Pieter Willems als Vlaamsgezinde katholiek, bestuurder en netwerker

Rob Belemans

"Willems bezat een ongemeenen inrichtingsgeest;
het was voldoende dat hij eene zaak in handen nam
om ze te doen gelukken, bloeien en groeien" [1].

Begunstigde en mentor

Pieter Willems vervulde aan de Leuvense universiteit twee taken. Reeds vanaf zijn 24^e^ was hij docent en vorser aan de Letterenfaculteit. Op zijn 32^e^ kwam daar de functie van secretaris van de universiteit bij. Het zijn twee mijlpalen in zijn beroepsleven, die beide ongetwijfeld ook direct of indirect meegespeeld hebben bij al zijn andere bestuurlijke functies en engagementen. Was Willems niet in Leuven komen studeren, dan zou zijn levensloop er heel anders en waarschijnlijk veel minder memorabel uitgezien hebben. De opleidingskansen die deze begaafde jongeling kreeg – wellicht omdat hij al vanaf de lagere school opviel als een uitzonderlijk intellectueel talent – hebben heel zijn leven bepaald[2]. En omgekeerd heeft ook hijzelf heel zijn volwassen leven in het teken gesteld van het opleiden van jonge mensen tot wetende en zoekende intellectuelen.

Vanaf de opportuniteit om als één van de zes daartoe uitverkoren jongetjes uit kansarme Maastrichtse gezinnen toch gratis de lessen aan het Maastrichtse Atheneum te volgen, lijkt alles in Willems' curriculum een soort vanzelfsprekendheid en bijna voorbestemdheid gehad te hebben. Hij was uiterst bekwaam en deed zijn uiterste best. Elk hoofdstuk in zijn korte maar rijke leven lijkt het logische gevolg te zijn van wat hij daarvoor al bereikt en bewezen had op basis van deze twee constanten. Hij werd opgemerkt, kreeg kansen en benutte ze ten volle om

1 DE CEULENEER 1909, p. 235.
2 Cf. de bijdrage van R. de la Haye in dit boek.

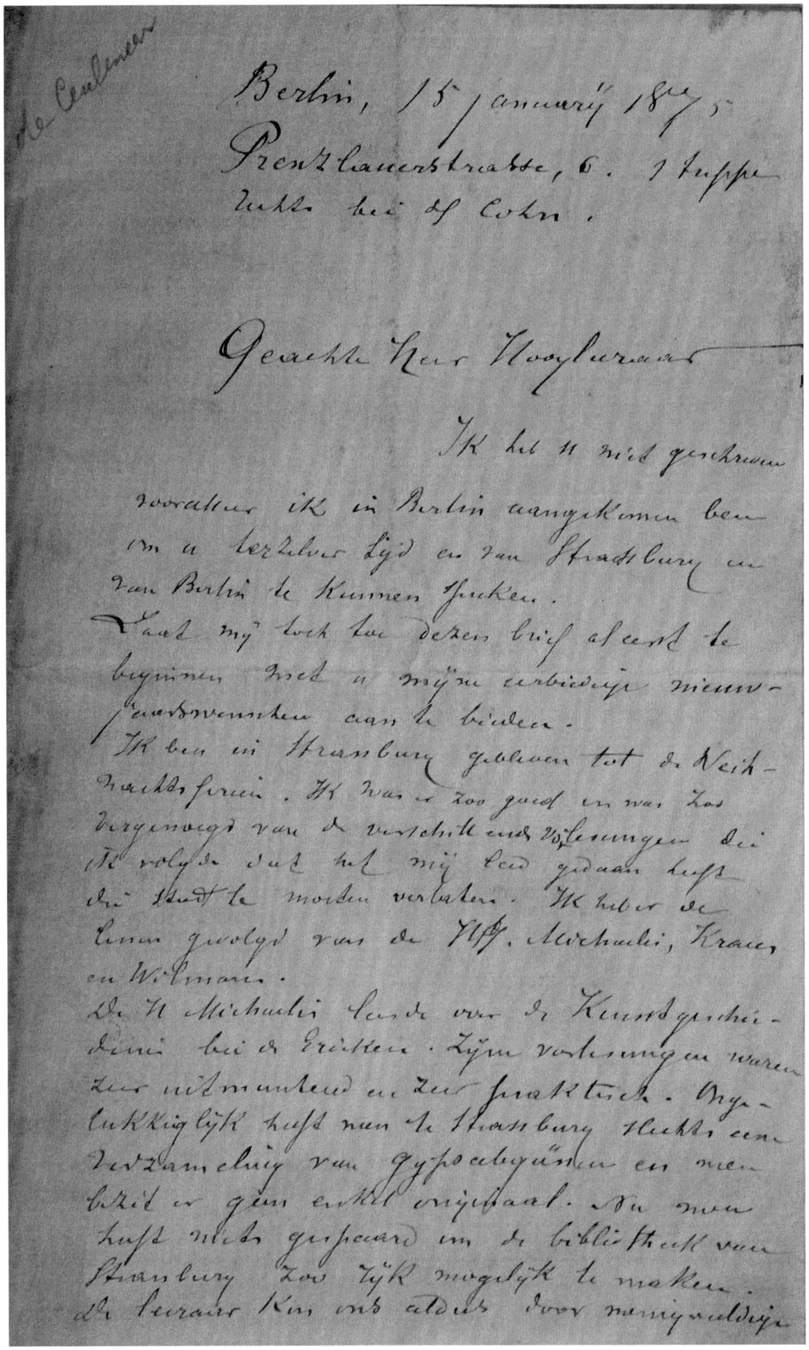

Berlin, 15 januarij 1875
Prenzlauerstrasse, 6. 1 treppe
rechts bei dr Cohn.

Geachte Heer Hoogleeraar,

Ik heb u niet geschreven vooraleer ik in Berlin aangekomen ben om u terzelver tijd en van Strassburg en van Berlin te kunnen spreken.
Laat mij toch toe dezen brief eerst te beginnen met u mijne eerbiedige nieuwjaarswenschen aan te bieden.
Ik ben in Strassburg gebleven tot de Weihnachtsferien. Ik was er zoo goed en was zoo vergenoegd van de verschillende voorlezingen die ik volgde dat het mij leed gedaan heeft die stad te moeten verlaten. Ik heb er de lessen gevolgd van de HH. Michaelis, Kraus, en Wilmans.
De H Michaelis leerde over de Kunstgeschiedenis bij de Grieken. Zijne voorlezingen waren zeer uitmuntend en zeer praktisch. Ongelukkiglijk heeft men te Strassburg slechts eene verzameling van gypsafgietsels en men bezit er geen enkel origineel. Men heeft niets gespaard om de bibliotheek van Strassburg zoo rijk mogelijk te maken.
De leeraar Kraus ontfing aldaar door menigvuldige

Afb. 30 – Aanhef van de lange brief die Adolf De Ceuleneer op 15 januari 1875 als bursaal vanuit Berlijn aan zijn Leuvense mentor en latere collega Pieter Willems schreef. (Universiteitsarchief KU Leuven)

weer een 'carrière'-stap verder of hoger te zetten. Hij moet scherp beseft hebben dat zijn eigen fortuinlijke levensweg grotendeels het gevolg was van de kansen die hem geboden werden door mensen die geloofden in zijn kunnen en hun vertrouwen in hem stelden. Willems creëerde ook op zijn beurt kansen voor jonge mensen in wie hij talent zag. Een voorbeeld daarvan is Adolf De Ceuleneer (1849-1924), die Willems als jonge universiteitsdocent opmerkte onder zijn studenten klassieke talen en wiens professionele leven de hoogleraar gunstig beïnvloed heeft. In Willems' bewaarde correspondentie zit een lange brief d.d. 15 januari 1875, die De Ceuleneer naar zijn Leuvense mentor stuurde vanuit Berlijn. De inhoud maakt duidelijk dat hij vanaf het begin van dat academiejaar met een reisbeurs – zoals Willems er ook een gekregen had – eerst in Straatsburg was geweest en nu aan de Berlijnse universiteit de colleges van de befaamde Theodor Mommsen (1817-1903) volgde. Nadien werd De Ceuleneer zelf hoogleraar klassieke filolofie aan de Gentse universiteit en dus een collega en – naar eigen zeggen – ook vriend van Willems. In 1892 werd hij benoemd tot corresponderend lid van de KANTL, waarvan hij eerst na Willems' dood, in 1900 ook werkend lid werd als opvolger van Guido Gezelle. Uiteindelijk zou het ook De Ceuleneer zijn die in het jaarboek 1909 van de KANTL de uitvoerige levenschets publiceerde van zijn voormalige leermeester en collega. Een interessant detail dat hij daarin meedeelt, is het feit dat De Ceuleneers vader zelf ook in het Maastrichtse Atheneum zijn middelbare opleiding had genoten[3]. Een andere beloftevolle jonge kracht die op Willems' steun mocht rekenen was Pol De Mont (1857-1931), die als Leuvense rechtenstudent samen met Rodenbach ageerde, maar later in het *Davidsfonds* Willems' kant koos en zijn persoonlijke secretaris werd.

Twee overtuigingen zijn eveneens constanten in en bepalend voor Willems' leven geweest: hij was katholiek en (werd) Vlaamsgezind; en dat zowel chronologisch als hiërarchisch in deze volgorde. Maar in geen van deze beide overtuigingen lijkt Willems fanatiek te zijn geweest. Hij was er standvastig in en kon ze met bezieling verdedigen, maar dat belette hem niet om ook een goede verstandhouding te hebben met andersgezinden en om met hen samen te werken als de goede zaak daarmee gediend werd. Hij lijkt een diplomatische bruggenbouwer en bedreven netwerker te zijn geweest, die op een natuurlijke manier het vertrouwen van hogerhand wist te verkrijgen en dat vervolgens loyaal maar tegelijk strategisch kon inzetten. Ik schets in deze bijdrage de bestuurlijke engagementen die Willems naast zijn werk als professor en universiteitssecretaris aanging in het licht van deze kwalificaties. Ik probeer daarbij ook aan te geven hoe hij als een netwerker gebruik wist te maken van zijn uitzonderlijke en invloedrijke cumulatie van ambten en functies om te realiseren wat hem nuttig en nodig leek.

Geloof als levensfundament

"Wat Willems voor ons was, zal immer door de katholieke Vlamingen herdacht worden, of liever zal onvergeetbaar zijn" [4].

Zijn geloofsovertuiging heeft Willems meegekregen van zijn moeder. Zijn oud-student, collega en biograaf Adolf De Ceuleneer beschreef hem als een van kindsbeen af erg gelovig persoon: "Dagelijks vergezelde hij zijne moeder naar de mis in de prachtige eeuwenoude kerk van Sint-Servatius. De brave en deftige burgervrouw [...] wist aan haar zoontje ene oprechten godsdienstzin in te boezemen, ene godsdienstzin

3 "Het Maastrichtse Gymnasium, gesticht in het begin der XIXe eeuw, genoot algauw een allerbeste faam onder de gestichten van dien aard. Nog heel jong zijnde, had ik meermaals door mijn vader zaliger, die er ook in de jaren 20 zijne humaniora deed, met den grootsten lof hooren spreken over de degelijke opvoeding die men er bekwam ..." (DE CEULENEER 1909, p. 215).

4 August Snieders in het Handelsblad van 23 februari 1898 naar aanleiding van het overlijden van Pieter Willems.

zonder uiterlijke overdrevenheid, maar die onuitwischbaar in het hart gegrift is gebleven. Die kinderlijke gevoelens veranderden later in overtuiging bij den man"[5]. Deze religieuze context spreekt ook uit het oudste stuk in de map met persoonlijke correspondentie van Willems, die in het Leuvense universiteitsarchief bewaard wordt. Het gaat daarbij om door Willems als privé-correspondentie ontvangen en wellicht thuis bewaarde brieven, die wellicht eerst na 1914 door zijn kinderen aan het universiteitsarchief moeten geschonken zijn. De oudste brief in dit archief dateert van 10 januari 1858 en werd vanuit zijn geboortestad Maastricht gestuurd aan de eerstejaarsstudent Willems. De schrijver ervan was jezuïet P. Vander Ven, die kennelijk antwoordde op een eerder schrijven van Willems. Aanspreking en toon verraden een vertrouwelijke omgang: "Beminde Pierre, Aangenaam was mij Uw Nieuwjaarsbrief; wederzijds wensch ik U alle heil en zegen in het jaar 1858. Moge de Goede God Uwe studien vooral ook zegenen, om deze eens tot zijne grootere eer en glorie te doen verstrekken"[6]. Vander Ven bericht in de brief verder over de in volle ontwikkeling zijnde congregatie te Maastricht (na de opheffing van de orde in 1773 waren de jezuïeten in 1852 in de stad teruggekeerd) en vraagt Willems om zijn groeten te bezorgen aan de Leuvense confrater Glorieux, die hij kende omdat Vander Ven zelf in 1848 ook in Leuven gewoond had. Heel indirect situeert dit briefje Willems als de protégé van een katholiek geestelijk milieu, dat beloftevolle talenten zoals hij recruteerde en ondersteunde om ze tot medestanders te maken. De opsomming onderaan Willems' doodsbrief van 7 gelovige broederschappen en verenigingen die allen een rouwmis voor hem lieten opdragen – naast de tweede rouwdienst en in zijn Leuvense parochiekerk van Sint-Jacob, de dertigdagendiensten eveneens daar en een dienst in de kerk van Sint-Joris-Weert – toont aan dat hij heel zijn volwassen leven diepgelovig is gebleven.

5 DE CEULENEER 1909, p. 215.

6 KULeuven Universiteitsarchief – Archief P. Willems, stuk nr. 90.

Zijn eerste bestuursmandaat: de temperende voorzitter van *Met Tijd en Vlijt*

"Ons ideaal hoeft geene lange omschrijving: twee woorden zijn voldoende: In Vlaanderen Vlaamsch"[7].

Eén van Willems' troeven was ongetwijfeld zijn meertaligheid. Het Maastrichtse Atheneum had de reputatie om zijn leerlingen – en met name die van de klassieke afdeling – een uitstekende voorbereiding te geven op een universitaire studie[8]. In tegenstelling tot heel wat van zijn Leuvense studiegenoten die aan Belgische colleges opgeleid waren, had Pieter Willems het enorme voordeel dat hij naast Frans ook de standaardtaal van Nederland vlot kon spreken en schrijven. Men moet pogingen tot geschreven Nederlands van Vlamingen uit het midden van de 19de eeuw gezien hebben, om te begrijpen dat dit absoluut nog geen evidentie was. Het Vlaamse studentengenootschap *Met Tijd en Vlijt*, in 1836 aan de Leuvense universiteit opgericht door student Emmanuel Van Straelen (1815-1871), zag zichzelf decennialang als "eene oefenschool [...] waer al wie Vlaming is, het middel by de hand heeft om zyne wapenen te scherpen, om eenmael de vlaemsche grieven met het woord en de pen voor te staen, en het duivelenjuk, dat men onze vlaemschsprekende bevolking op de schouderen drukt, te verbreken"[9]. De vereniging recruteerde haar leden onder vlaamsgezinde studenten die zich via de letterkundige en redekundige afdelingen van *Met Tijd en Vlijt* wilden bekwamen in het schrijven en het publiek spreken in de Vlaamse moedertaal, waarvan de norm nog in volle ontwikkeling was. De eerste rector van de in 1834 opgerichte en een jaar later naar Leuven

7 Pieter Willems in zijn toespraak van 15 mei 1892 op het feest dat *Met Tijd en Vlijt* organiseerde naar aanleiding van zijn 25-jarig voorzitterschap.

8 Cf. de bijdrage van R. de la Haye in dit boek.

9 Albert Fredericq in een toespraak tijdens de feestelijke jaarvergadering van *Met Tijd en Vlijt* op 13 december 1868. Geciteerd uit *Le Journal des Petites Affiches* van 20 december 1868, p. 779.

overgebrachte katholieke universiteit, Pierre François Xavier De Ram (1804-1865), behoorde tot de priestergeneratie die haar religieus geïnspireerde enthousiasme voor de Belgische onafhankelijkheid combineerde met een romantische verknochtheid aan de volkstaal. De Ram installeerde aan de universiteit meteen een leerstoel voor Nederlandse Taal- en Letterkunde en benoemde daarop zijn vriend kannunik Jan Baptist David (1801-1866), die als directeur aan het Mechelse stadscollege ook zelf de lessen Nederlands verzorgde. Na Davids dood volgde Pieter Willems hem op als titularis van deze leerstoel, die hij echter al snel doorgaf aan de Nederlander Pieter Paul Alberdingk Thijm (1827-1904)[10].

De jonge universiteitsdocent Willems werd in 1866 door rector Nicolas Joseph Laforêt (1823-1872) aangeduid om het voorzitterschap van het *Nederduytsch Tael- en Letterlievend Genootschap Met Tijd en Vlijt*, het Vlaamse studentengenootschap van de universiteit, op te nemen[11]. Hij trad er in de voetsporen van de op 24 maart 1866 overleden roemruchte kannunik Jan Baptist David, die samen met de in Gent actieve flamingant Jan Frans Willems aan de wieg had gestaan van de Vlaamse Beweging. Willems had nog maar enkele maanden voordien voor het eerst een jaarvergadering van *Met Tijd en Vlijt*, namelijk de jubileumviering voor het 30-jarig bestaan, bijgewoond[12]. Zo kon het gebeuren dat de jonge professor Willems op 21 oktober 1866 zijn eerste bestuursvergadering van het Vlaamse studentengenootschap *Met Tijd en Vlijt* bijwoonde om er meteen als voorzitter geïnstalleerd te worden[13]. Van het bestuur, samengesteld uit vlaamsgezinde alumni,

Afb. 31 – Portretfoto van professor Pieter Willems in het feestalbum dat de Leuvense universiteit in 1884 liet aanmaken naar aanleiding van haar 50-jarig bestaan. Universiteitsarchief KU Leuven).

studenten en inwoners van Leuven, kreeg hij een eerder gereserveerd onthaal. "Men klapte in de handen, omdat men niet anders kon; maar men bleef koel: de toejuichingen waren niet gulhartig; zelfs kon men opmerken dat de studenten min of meer terughoudend gestemd waren"[14]. Dat had alles te maken met het feit dat Willems tijdens zijn eigen studentenjaren – nog maar vijf jaar voordien – geen lid van *Met Tijd en Vlijt* geweest was, maar wél van het Franstalige studentengenootschap *La Société littéraire*. In zijn licentiaatsjaren (toen nog doctoraat genoemd) was Willems er zelfs bestuurslid geweest. De vlijtige student hield voor de *Société* lezingen in het Frans, waarvan er één gepubliceerd en een andere besproken werd in de *Choix des M*émoires, het ledenblad van deze franstalige studentenorganisatie.

10 Pieter Paul Alberdingk Thijm had zich na zijn studies wiskunde en geschiedenis aan de universiteit van Utrecht in Leuven gevestigd, maar was van 1864 tot 1870 eerst nog leraar geschiedenis geweest te Maastricht, alvorens op de leerstoel Nederlandse Taal- en Letterkunde benoemd te worden.

11 De rector was ere-voorzitter van het studentengenootschap met het prerogatief om zelf de voorzitter ervan te benoemen.

12 *Le Journal des Petites Affiches* van 28 januari 1866, p. 47.

13 Cf. MOROY 1899, p. 218.

14 DE CEULENEER 1909, p. 269.

Tijdens zijn studententijd was Willems dus nog niet met de zaak van de Vlaamsgezinde taalijveraars begaan geweest. Maar vanaf 1866 werd hij plots aan het hoofd gesteld van een van de belangrijkste pijlers van de katholieke Vlaamse Beweging. Op zondag 16 december 1866 verzamelden de leden van *Met Tijd en Vlijt* en vele prominente Vlaamsgezinden in de promotiezaal van de universiteit voor de plechtige, maar posthume onthulling van het marmeren borstbeeld[15] dat de vereniging als geschenk aan voorzitter David had laten maken. Een jaar na de eerste bijeenkomst die hij had bijgewoond, sprak Pieter Willems hier als opvolger van David over diens verdiensten en "de onschatbare hoedanigheden van zyn hart en de zoo milde gaven van zynen geest, allen zoo edelmoedig ten beste van anderen besteed"[16]. De Vlaamse overtuiging, die er misschien aanvankelijk amper was, ontwikkelde zich via zijn nieuwe voorzittersrol snel bij Willems; zij het in een erg gematigde en altijd op consensus gerichte vorm. In de jaarvergadering van 13 december 1868 sprak "M. de voorzitter hoogleeraer Willems, de talentvolle opvolger van David" de openingsrede, die "dikwerf door daverende toejuichingen onderbroken werd", aldus het krantenverslag in de Leuvense *Journal des Petites Affiches*[17]. Willems wist zijn leden voldoende aansporing te bezorgen om vanuit hun Vlaamse taalgrieven actief en verenigd te blijven, maar temperde tegelijk ook gestaag elke mogelijke ontsporing in te extreme actie of polariserend vertoog.

De cumulatie van functies vanaf 1878

Dat zou ook zijn beleidslijn worden aan het hoofd van dat andere katholieke vlaggenschip binnen de Vlaamse Beweging: het *Davidsfonds*[18]. De ontstaansgeschiedenis daarvan kan niet los gezien worden van de Gentse voorloper: het *Willemsfonds*. Deze vereniging – genoemd naar de Vlaamse literator Jan Frans Willems (1793-1846), maar eerst vijf jaar na zijn dood door een schare Gentse flaminganten opgericht – stelde zich tot doel om de Nederlandse taal op politiek vlak te verdedigen en ze cultureel te promoten. Aanvankelijk was er een duidelijke rolverdeling en verstandhouding tussen het Leuvense *Met Tijd en Vlijt* en het Gentse *Willemsfonds*. Eerstgenoemde organisatie richtte zich op de vorming van jonge Vlaamse intellectuelen tijdens hun Leuvense studententijd, zodat zij de Vlaamse zaak zouden kunnen dienen tijdens hun verdere leven. Daartoe moesten de leden talig gevormd worden en dus minstens één keer per jaar tijdens een van de maandelijkse bijeenkomsten van de redekundige of de literaire afdeling van *Met Tijd en Vlijt* een werkstuk presenteren. Daarnaast zorgden de jaarvergaderingen, waarop ook buitenleden – alumni en vlaamsgezinde burgers uit heel het land – aanwezig waren ervoor dat elke nieuwe Vlaamse studentengeneratie in contact kwam met en opgenomen werd in het netwerk van de Vlaamse Beweging. Het *Willemsfonds* richtte zijn activiteiten op het politieke ageren en op de samenwerking tussen en ondersteuning van volwassenen in lokale afdelingen met doorgaans een boekenfonds of bibliotheek als kern. De kasverslagen van *Met Tijd en Vlijt* getuigen van een ondersteunende houding ten aanzien van het *Willemsfonds* in de vorm van een

15 Dit beeld is vandaag nog steeds in de leeszaal van de centrale universiteitsbibliotheek op het Ladeuzeplein te bewonderen.

16 *Le Journal des Petites Affiches* van 23 december 1866, p. 758.

17 *Le Journal des Petites Affiches* van 20 december 1868, p. 779.

18 Het is opmerkelijk hoe Willems' voorzitterschap in de geschiedenis van het *Davidsfonds* onderbelicht en zelfs vergeten schijnt te worden. In de historische schets van het *Davidsfonds* in ODIS, de contextuele webdatabank voor de studie van intermediaire structuren in de 19de en 20ste eeuw, wordt zijn naam zelfs niet vermeld in het rijtje voorzitters vanaf de stichting tot 1966: "De organisatie werd geleid door prominente figuren uit de Vlaamse beweging, die vaak ook in andere culturele en socio-politieke middens hun sporen hebben nagelaten. Vermelden we hier enkel de voorzitters Pieter Alberdingk Thijm (1875-1878), Joris Helleputte (1898-1911), Emiel Vliebergh (1911-1925), Arthur Boon (1925-1938) en Arthur Janssen (1938-1966)". (http://www.odis.be/lnk/OR_1441 – geraadpleegd op 22/8/2015).

jaarlijkse dotatie/ledenbijdrage van 5 frank[19]. Vanaf 1862 begon het *Willemsfonds* onder voorzitter Julius Vuylsteke (1836-1903) echter een uitgesproken liberale en anti-klerikale koers te varen. Dat leidde ertoe dat men zich in Leuven steeds verder vervreemd voelde van het *Willemsfonds* en uiteindelijk begin 1875 besliste om een eigen vlaamsgezinde, maar katholieke volksbeweging op gang te brengen als partnerorganisatie voor *Met Tijd en Vlijt*. Voorzitter Willems was vanop de eerste rij betrokken bij de ontwikkeling van dit plan en de stichting van het *Davidsfonds* (op zijn beurt vernoemd naar die andere *founding father* van de Vlaamse Beweging, de Leuvense hoogleraar Jan Baptist David). De stichtende leden boden Willems het voorzitterschap van het *Davidsfonds* aan. Hij wees dat voorstel echter resoluut van de hand, wellicht om professor Paul Albedingk-Thijm – die in *Met Tijd en Vlijt* ook na Davids overlijden genoegen had moeten nemen met het ondervoorzitterschap – de voorrang te laten en de eer te gunnen. Diens voorzitterschap was echter van korte duur. Het eerste bestuur slaagde er onder voorzitter Alberdingk Thijm immers niet in om van het *Davidsfonds* een concurrent voor het *Willemsfonds* te maken. In de liberale vlaamsgezinde pers maakte men zich vrolijk over het paapse gepruts daar in Leuven met de ambitie om het inmiddels al roemruchte *Willemsfonds* naar de kroon te steken. Bovendien bleek het financiële beheer binnen het *Davidsfonds*-bestuur niet echt transparant en zakelijk te verlopen.

Meer op de achtergrond woedde er ook een ideologische strijd tussen een radicalere en een meer gematigde strekking binnen de katholieke Vlaamse Beweging. Willems stond als voorzitter van *Met Tijd en Vlijt* heel uitgesproken de gematigde koers en de strategie van de geleidelijke veranderingen voor. In historische studies over de Vlaamse Beweging valt na te lezen welke impact zijn gematigde houding gehad

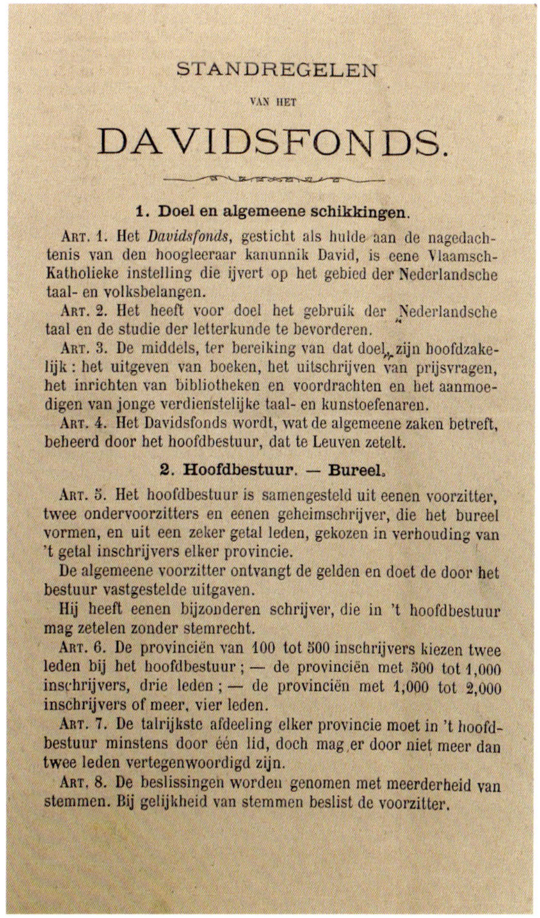

STANDREGELEN

VAN HET

DAVIDSFONDS.

1. Doel en algemeene schikkingen.

Art. 1. Het *Davidsfonds*, gesticht als hulde aan de nagedachtenis van den hoogleeraar kanunnik David, is eene Vlaamsch-Katholieke instelling die ijvert op het gebied der Nederlandsche taal- en volksbelangen.

Art. 2. Het heeft voor doel het gebruik der Nederlandsche taal en de studie der letterkunde te bevorderen.

Art. 3. De middels, ter bereiking van dat doel, zijn hoofdzakelijk : het uitgeven van boeken, het uitschrijven van prijsvragen, het inrichten van bibliotheken en voordrachten en het aanmoedigen van jonge verdienstelijke taal- en kunstoefenaren.

Art. 4. Het Davidsfonds wordt, wat de algemeene zaken betreft, beheerd door het hoofdbestuur, dat te Leuven zetelt.

2. Hoofdbestuur. — Bureel.

Art. 5. Het hoofdbestuur is samengesteld uit eenen voorzitter, twee ondervoorzitters en eenen geheimschrijver, die het bureel vormen, en uit een zeker getal leden, gekozen in verhouding van 't getal inschrijvers elker provincie.

De algemeene voorzitter ontvangt de gelden en doet de door het bestuur vastgestelde uitgaven.

Hij heeft eenen bijzonderen schrijver, die in 't hoofdbestuur mag zetelen zonder stemrecht.

Art. 6. De provinciën van 100 tot 500 inschrijvers kiezen twee leden bij het hoofdbestuur ; — de provinciën met 500 tot 1,000 inschrijvers, drie leden ; — de provinciën met 1,000 tot 2,000 inschrijvers of meer, vier leden.

Art. 7. De talrijkste afdeeling elker provincie moet in 't hoofdbestuur minstens door één lid, doch mag er door niet meer dan twee leden vertegenwoordigd zijn.

Art. 8. De beslissingen worden genomen met meerderheid van stemmen. Bij gelijkheid van stemmen beslist de voorzitter.

Afb. 32 – 'Standregelen' van het Davidsfonds, opgesteld door voorzitter Pieter Willems. (Universiteitsarchief KU Leuven)

heeft op de ontwikkelingen binnen *Met Tijd en Vlijt*[20]. Vanaf 1878 tekende zich een duidelijke tweespalt binnen het bestuur af met Albrecht Rodenbach en Pol De Mont als boegbeelden van de tegenstelling. Qua doctrine ging die strijd over de keuze tussen ofwel een taalparicularistische koers voor een eigen Belgisch Nederlands als taal voor de Vlamingen ofwel een groot-Nederlandse benadering en het in Vlaanderen verder doen ingang vinden van de taal

19 Universiteitsarchief Leuven – Archief *Met Tijd en Vlijt* – doos 2. Deze dotatie is tot 1874 in het kasverslag terug te vinden. Daarna gaf *Met Tijd en Vlijt* aan het *Davidsfonds* jaarlijks 25 frank.

20 Cf. bijvoorbeeld GEVERS 1987, pp. 105-114.

van Nederland als norm voor Vlaanderen. Daarnaast was Rodenbach ook voorstander van een veel radicalere opstelling en van meer mobiliserende actie met de Leuvense studentenbond en zijn lokale afdelingen aan de middelbare colleges in Vlaanderen als militante kernen. Davidsfondsvoorzitter en *Met Tijd en Vlijt*-ondervoorziter Alberdingk Thijm zag heil in Rodenbachs koers. Willems had binnen *Met Tijd en Vlijt* Pol De Mont als secondant om de voorzichtige en groot-Nederlandse koers te verdedigen. Willems haalde in dit voorzitters- en professorenduel duidelijk de bovenhand en dat leidde in 1878 tot een verschuiving van de macht bij het *Davidsfonds*. Alberdingk Thijm werd door het bestuur gedwongen om af te treden en Willems – opnieuw aangezocht om de leiding te nemen – vond dat de omstandigheden vereisten dat hij zelf de voorzittershamer ter hand nam. Hij werd op 23 juli 1878 verkozen tot algemeen voorzitter van het *Davidsfonds* en zorgde heel snel voor een fikse aangroei van het aantal leden en uitbreiding van het netwerk van lokale afdelingen.

In datzelfde jaar 1878 werd Willems ook voorzitter van de *Zuidnederlandse Maatschappij van Taalkunde* (die vanaf 1923 haar naam veranderde in *Zuidnederlandsche Maatschappij voor Taal- en Letterkunde en Geschiedenis*). Hij had deze vereniging op 6 februari 1870 in Mechelen mee opgericht[21] en was gedurende de eerste acht jaar ondervoorzitter geweest. Nu nam hij ook in deze wetenschappelijke vereniging voor de studie van het wezen en de geschiedenis der Nederlandse taal de leiding op zich. Op basis van haar doelstellingen, werking en samenstelling kan de Zuidnederlandse in die beginjaren gezien worden als een voorafspiegeling van en een organisatorische vingeroefening voor wat de *Vlaamsche Academie voor Nederlandse Taal- en Letterkunde* vanaf 1886 zou worden.

Eens Willems deze drie voorzittersrollen cumuleerde, toonde hij ook zijn meer doortastende aard. Zo besliste hij vrijwel meteen na zijn aantreden om de studentenafdeling van het *Davidsfonds*, die met volle steun van Alberdingk Thijm tot stand gekomen was, per 1 januari 1879 af te schaffen. Willems werd in dit besluit gesteund door de meeste leden van *Met Tijd en Vlijt* (met Pol De Mont als woordvoerder). Zij zagen in de studentenafdeling van het *Davidsfonds* immers een concurrent voor hun genootschap, dat al veel langer in heel wat katholieke middelbare

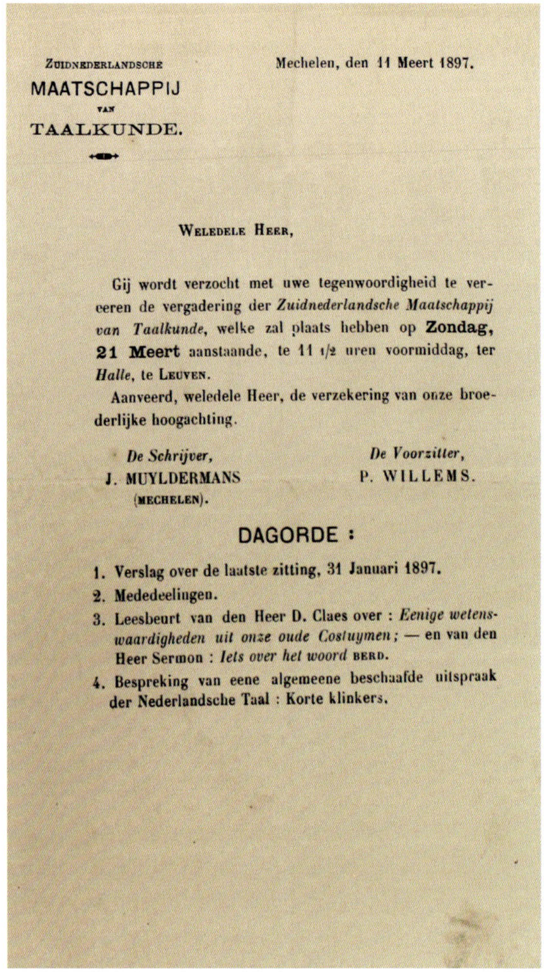

ZUIDNEDERLANDSCHE
MAATSCHAPPIJ
VAN
TAALKUNDE.

Mechelen, den 11 Meert 1897.

WELEDELE HEER,

Gij wordt verzocht met uwe tegenwoordigheid te vereeren de vergadering der *Zuidnederlandsche Maatschappij van Taalkunde*, welke zal plaats hebben op **Zondag, 21 Meert** aanstaande, te 11 1/2 uren voormiddag, ter *Halle*, te LEUVEN.

Aanveerd, weledele Heer, de verzekering van onze broederlijke hoogachting.

De Schrijver,
J. MUYLDERMANS
(MECHELEN).

De Voorzitter,
P. WILLEMS.

DAGORDE :

1. Verslag over de laatste zitting, 31 Januari 1897.
2. Mededeelingen.
3. Leesbeurt van den Heer D. Claes over : *Eenige wetenswaardigheden uit onze oude Costuymen*; — en van den Heer Sermon : *Iets over het woord* BERD.
4. Bespreking van eene algemeene beschaafde uitspraak der Nederlandsche Taal : Korte klinkers.

Afb. 33 – Uitnodiging met dagorde voor de vergadering van de Zuidnederlandse Maatschappij van Taalkunde d.d. zondag 28 maart 1897. Dit was de laatste vergadering van deze wetenschappelijke vereniging die Pieter Willems bijwoonde en voorzat. (Universiteitsarchief KU Leuven)

21 WELKENHUYSEN 1989, pp. 427-428.

scholen afdelingen had. De plaatselijke afdelingen van het *Davidsfonds* steunden deze beslissing van hun nieuwe voorzitter eveneens, omdat zij liever een exclusief volwassen ledenbestand hadden en hun lokale werking vooral ook zelf wilden uitbouwen, zonder al teveel aansturing vanuit het hoofdbestuur in Leuven. Rodenbach en de Westvlaamse blauwvoeters stonden evenwel aan de kant van Alberdingk Thijm, die zelf ook gewonnen was voor de meer particularistische invulling van de Vlaamse idealen zoals Rodenbach ze voorstond. Toen ook het bestuur van *Met Tijd en Vlijt* zijn vertrouwen in Alberdingk Thijm als ondervoorzitter opzegde, maar tegelijk Willems wel als voorzitter bevestigde, was de breuk compleet. Veel Westvlamingen stapten daarop samen met Rodenbach uit *Met Tijd en Vlijt*. De blijvers sloten de rangen rond boegbeeld Willems, die – indirect geholpen door Rodenbachs vroegtijdige dood op 23 juni 1880 – erin slaagde om de katholieke Vlaamse Beweging in de jaren die volgden intern opnieuw in rustiger vaarwater te loodsen.

Naar buiten sterk gematigd, binnen licht autoritair

In zijn toespraken op jaarvergaderingen liet Willems de eis om Vlaamse taalrechten en het onrecht van een Belgische wetgeving die dit tegenhield altijd duidelijk doorklinken. Maar tegelijk klonk ook altijd een gematigdheid mee door die erop gericht was om de Vlaamsgezinden vooral ook katholiek te houden en confrontatiescenario's met het Franstalige establishment – ook aan de top van de universiteit – te vermijden. Tekenend is bijvoorbeeld het volgende fragment uit Willems' dankwoord tijdens de viering van zijn 25-jarig voorzitterschap van *Met Tijd en Vlijt* op 15 mei 1892:

> *"Is derhalve de strijd gestreden? Ons ideaal verwezenlijkt? O, neen; verre van daar. Ons ideaal hoeft geene lange omschrijving: twee woorden zijn voldoende: In Vlaanderen Vlaamsch. Zoolang in de Vlaamsche gewesten, in de Vlaamsche kringen, in de Vlaamsche samenleving, in alles wat tot het Vlaamsche volk betrekking heeft, in onderwijs en bestuur, in 't openbaar en in 't bijzonder leven, onze taal, de moedertaal, niet als natuurlijk, gewoon voertuig der gedachte, zonder tegenspraak zal worden beschouwd en gebezigd, zoolang heeft het Vlaamsche volk dat waarop het als volk recht heeft, niet herwonnen. Dat ideaal zal en moet verwezenlijkt worden: niet in éénen dag, niet door woest geweld; maar door taaie en eendrachtige werking, gepaard met voorzichtigheid en beleid. Ik spreek tot de Vlaamsche jeugd, tot hen die de bewerkers zullen zijn van ons Vlaamsch ideaal"*[22].

De uitzonderlijke cumulatie van bestuurlijke mandaten plaatste Willems gedurende de laatste 20 jaar van zijn leven in een positie van waaruit hij de belangrijke maatschappelijke en taalculturele ontwikkelingen in België vanop de eerste rij mee volgde en er ook actief bij betrokken was. Als de belangen van de universiteit, de katholieke gezagsstructuren en de Vlaamse Beweging samen gediend konden worden, dan ageerde Willems. Een voorbeeld is het allereerste doctoraat *honoris causa* dat de Leuvense universiteit in 1881 uitreikte. Dat gebeurde op Willems' voorstel aan niemand minder dan Hendrik Conscience. In de door Willems bewaarde correspondentie zit de antwoordbrief die hij op 10 augustus 1881 ontving van Julius Hoste als secretaris van het *Hoofdcomiteit voor Conscience's feest* in Brussel. Dit nationale eerbetoon werd voor de toen 69 jaar oude Conscience georganiseerd naar aanleiding van het verschijnen van zijn honderste boek. Het feestcomité schreef aan Willems dat men met groot genoegen kennis had genomen "van het besluit der Leuvensche Hoogeschool, waarbij onzen beroemden Conscience tot Doctor in de wijsbegeerte en letteren

22 De volledige rede van Pierre Willems is opgenomen in het huldeboek *Lettervruchten van het taal- en letterlievend studentengenootschap der katholieke hoogeschool van Leuven, onder de kenspreuk "Met tijd en vlijt", opgedragen aan hoogleeraar P. Willems, sedert vijf en twintig jaren Voorzitter van het genootschap, den 15^en Mei 1892*. Uitgegeven bij Van Linthout in Leuven.

honoris causa werd benoemd. Natuurlijk, waarde heer, zal aan uwe faculteit eene eereplaats in de betooging worden vergund, om aan onzen Conscience uwe hooge onderscheiding te kunnen overhandigen"[23]. Dat laatste deed Willems persoonlijk tijdens het huldefeest voor de eminence grise van de Belgische Nederlandstalige literatuur op 18 september 1881.

In de correspondentie is ook een opvallende casus geïllustreerd, die laat zien hoe Willems doortastend reageerde, wanneer zijn functies met elkaar in conflict dreigden te komen. Dat kon omdat de Leuvense universiteit en Willems' zuil binnen de Vlaamse beweging wel hun katholieke overtuiging deelden, maar zeker niet altijd hun taalpolitieke strekking. Dat vormde een permanent spanningsveld en Willems' rol bij *Met Tijd en Vlijt* bestond erin om te vermijden dat het tot conflicten kwam, die het imago van beide organisaties zouden schaden. Dat zou immers koren zijn zowel op de politieke molen van de liberalen als op de ideologische molen van de vrijzinnige flaminganten. Willems slaagde goed in die opdracht, maar soms met enige moeite. Dat was kennelijk het geval, toen begin 1886[24] de werkende leden en het bestuur van *Met Tijd en Vlijt* tijdens een bijeenkomst enthousiast reageerden op een voorstel van secretaris Emiel De Visschere (1861-1910) om van de universiteit te eisen dat ze eerste stappen zou zetten in het gebruik van ook het Nederlands als onderwijstaal. De Visschere pleitte ervoor om van het rectoraat te eisen dat er ook colleges in het Nederlands zouden gegeven worden en voor het introduceren van een Nederlands wetenschappelijk vakjargon[25]. Zo'n actie zou Willems uiteraard in een hoogst oncomfortabele rechter-en-partij-positie hebben gebracht en hij probeerde dus ook om de leden ervan te doen afzien. Het kwam tot een stemming, waarbij de voorzitter tegen, maar een meerderheid van de bestuursleden voor De Visscheres voorstel stemde. Willems gaf op basis van die uitslag prompt zijn ontslag als voorzitter. Drie stukken in de corrspondentie, daterend van 25, 26 en 29 januari 1886, documenteren het hele voorval. Vooreerst is er een brief, geschreven door Emiel Goetschalckx (1859-1923) – die nu ondertekende als "de 1e schrijver" van *Met Tijd en Vlijt*[26] en aan de voorzitter meedeelt dat er in de ochtend van 25 januari een spoedberaad ten huize van professor Joris Helleputte (1852-1925), de toenmalige ondervoorzitter van het genootschap, gehouden werd. Het bestuur kwam daar tot het besluit dat men alsnog bereid was om zich achter Willems' standpunt te scharen en blijkbaar werd ook meteen besloten om De Visschere als initiator van het gewraakte voorstel meteen te vervangen als secretaris. Het bestuur verzocht Willems om dan ook zijn ontslag als voorzitter in te trekken. Het bestuur hoopte dat hiermee de zaak van de baan was en wou liefst snel bevestiging daarvan. Goetschalckx eindigt zijn brief met een concreet voorstel ter zake: "Zou het mij toegelaten zijn Ued te verzoeken, mij tegen dezen namiddag een woordje te geven, wanneer het aan het bestuur zal toegelaten zijn, uw gunstig antwoord te komen ontvangen. Ik zal de eerbiedige vrijheid nemen mij dezen namiddag ten uwent aan te bieden, om dat antwoordje te ontvangen." Gelukkig heeft Willems ook een minuut bewaard van zijn antwoord op deze brief, dat hij eerst 's anderendaags schreef[27]. Hier wordt duidelijk dat Willems zelf

23 KULeuven Universiteitsarchief – Archief P. Willems, stuk nr. 33.

24 Hoewel de jaartallen op de drie hierna genoemde stukken niet overeenstemmen, is het inhoudelijk toch duidelijk dat ze op hetzelfde momentum in de geschiedenis van *Met Tijd en Vlijt* betrekking hebben. Goedschalckx dateert zijn beide brieven met 25 en 29 januari 1885. De minuut van Willems' antwoord heeft als datum "26 januari 1886". Een van beide correspondenten moet zich dus – in de hite van het dispuut en zo kort na de jaarwissel – van jaartal vergist hebben.

25 In 1906 zou kardinaal Mercier als rector van de Leuvense universiteit zich nog steeds verzetten tegen diezelfde eis van haar Vlaamse studenten en het Nederlands bestempelen als "pas approprié à l'usage universitaire".

26 KULeuven Universiteitsarchief – Archief P. Willems, stuk nr. 107.

27 KULeuven Universiteitsarchief – Archief P. Willems, stuk nr. 244.

minder snel was om de spons over dit incident te halen. Ik citeer dit briefontwerp hierna integraal:

> "*Geachte Heeren,*
>
> *Ik bedank u voor den brief die ge mij wel hebt willen zenden en van de blijken van genegenheid die ge er in uitdrukt.*
>
> *Doch uw schrijven bewijst mij dat de bestuursleden van* Met Tijd en Vlijt *de redenen van mijn ontslag niet juist hebben opgevat.*
>
> *Ik geloof, ten volle, zoo als ge zegt dat de stemming van verleden vrijdag niet tegen mij gericht was. Wat mij persoonlijk aangaat, is mijn grootste verlangen dat de voorstellen der Heeren De Visscher en en Goetschalckx kunnen aangenomen en uitgevoerd worden. Het ware zeer wenschelijk dat in de algemeene studentenmaatschappij de Vlaamsche taal op gelijken voet gesteld wierde als de fransche; het ware zeer wenschelijk insgelijks, bij gebrek aan vlaamsche kursussen, dat aan de heeren studenten een middel wierde bezorgd om de technische termen der wetenschappen in de vlaamsche taal aan te leeren.*
>
> *Maar dat is hier de quaestie niet. Het geldt te weten of Tijd en Vlijt zich met die voorstellen moet gelasten, en of het nu het gunstig oogenblik is om zulke voorstellen te doen.*
>
> *Tijd en Vlijt is geene onafhankelijke maatschappij: zij is eene studentenmaatschappij ondersteund door de Katholieke Hoogeschool, en met haar innig verbonden. Zij heeft tot doel om de Vlaamsche studenten der Hoogeschool als kampers van de vlaamsche zaak voor te bereiden, en dat doel kan ze niet bereiken dan dóór een en nauwen band met de Katholieke Hoogeschool. Al wat dien band dreigt losser te maken of te verbreken, is een onheil voor Tijd en Vlijt. Mij als voorzitter der Maatschappij ligt de plicht op die gevaren af te weren.*
>
> *Uit den woordentwist die vrijdag avond heeft plaats gehad, bleek voor mij dat een gedeelte van het voorstel van den Heer De Visschere tot twist en oneenigheid kan anleiding geven tusschen de studenten der Hoogeschool, zonder dat er daaruit eenig profijt zou spruiten voor Tijd en Vlijt of voor de Vlaamsche Zaak. Het is daarom dat ik, die de gewoonte niet heb aan de bespreking der voorstellen deel te nemen, wanneer ik het niet noodig oordeel, tot herhaalde malen toe het voorstel besproken heb en getracht heb er de gevaren van te doen beseffen. Niettegenstaande, werd het voorstel niet alleen door de meerderheid der werkende leden, maar ook door die der bestuursleden, geestdriftig aangenomen en toegejuicht. Het bleek mij derhalve dat de heeren leden hunnen persoonlijke gedachten verre stelden boven die van den voorzitter, die door een voorzitterschap van bijna twintig jaren op eenige ervaring mag aanspraak maken; en bijgevolg, dat mij de noodige zedelijke invloed ontbrak om het voorzitterschap te blijven behouden. Indien het de eerste maal was, dat dit geval zich voordeed, zou ik het aan onbedachtzaamheid kunnen toeschrijven; maar dewijl sedert korte jaren dezelfde toestand zich meermalen heeft herhaald, denk ik dat het mij een plicht is jegens de Maatschappij en jegens mij zelven in mijn genomen besluit te volharden en den E.H. Rector te verzoeken u een voorzitter te geven wiens invloed het bestaan en den voorspoed van Met Tijd beter zal verzekeren dan ik het kan.*
>
> *Aanvaard, G.H. de verzekering mijner hooge achting,*
>
> *PW.*"

Het derde document over deze kwestie is opnieuw een brief van Goetschalckx, geschreven op 29 januari. Inmiddels had overleg op het allerhoogste niveau plaats gevonden. Ondervoorzitter Helleputte was de rector gaan spreken. Omdat het studentengenootschap – zoals ook zijn Franstalige evenknie – onder de auspiciën van de universiteit stond, duidde de rector niet alleen de voorzitter ervan aan, maar was hij zelf ook ere-voorzitter. Het bestuur van *Met Tijd en Vlijt* deelde Willems mee dat er op 28 januari opnieuw vergaderd is "om in de moeilijke omstandigheden, waarin wij ons bevinden, te beslissen. [...] Met eenparige stemmen werd er besloten een tweede beroep op uwe welwillendheid, op uwe innige toegenegenheid aan ons genootschap te doen, en bij Ued nogmaals aan te dringen van op uw onvoorwacht besluit weder te keeren. Tot voldoening van gansch het bestuur deelde de heer hoogleeraar Helleputte mede dat de hoogeerweerde heer Rector uw ontslag

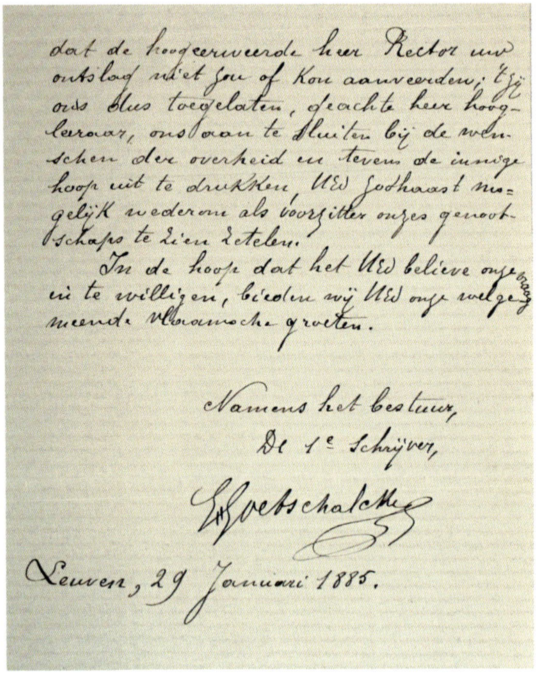
dat de hoogeerweerde heer Rector uw ontslag niet zou of kon aanveerden; 't Zij ons dus toegelaten, geachte heer hoogleeraar, ons aan te sluiten bij de wenschen der overheid en tevens de innige hoop uit te drukken, UEd zoohaast mogelijk wederom als voorzitter onzes genootschaps te zien zetelen.

In de hoop dat het UEd believe onze vraag in te willigen, bieden wij UEd onze welgemeende vlaamsche groeten.

Namens het bestuur,
De 1e Schrijver,
E. Goetschalckx

Leuven, 29 Januari 1885.

Afb. 34 – Slotpassage van de (tweede) brief die Emiel Goetschalckx namens het bestuur van Met Tijd en Vlijt aan de ontslagnemende voorzitter Willems stuurde op 29 januari 1886. (Universiteitsarchief KU Leuven)

niet zou of kon aanveerden. 't Zij ons dus toegelaten, geachte heer hoogleeraar, ons aan te sluiten bij de wenschen der overheid en tevens de innige hoop uit te drukken, Ued zoohaast mogelijk wederom als voorzitter onzes genootschaps te zien zetelen"[28]. Met het machtswoord van de rector was de zaak kennelijk gesloten. Willems' voorzitterschap van Met Tijd en Vlijt eindigde – zoals al zijn andere bestuursmandaten – met zijn overlijden begin 1898.

Een latente Limburger

Hoe snel en geëngageerd Willems vanaf zijn definitieve vestiging in Leuven ook verankerd raakte in de top van het katholieke Vlaamse culturele en academische milieu, hij bleef op een bepaalde manier ook steeds contact onderhouden met zijn Limburgse herkomstgouw en zijn geboortestad Maastricht. Niet toevallig is de laatste tekst die van Willems' hand (postuum) in druk verscheen – in het kort voordien door hem opgerichte tijdschrift *Le Musée belge* van 1898 – een bespreking van enkele verhandelingen die uitgegeven werden door twee wetenschappelijke genootschappen uit zijn Nederlands-Limburgse geboortestreek: de Maastrichtse *Société historique et archéologique dans le duché de Limbourg* en het *Provinciaal Genootschap van geschiedkundige wetenschappen, taal en kunst* uit Roermond[29].

Ook zijn bewaard gebleven correspondentie getuigt via enkele brieven van de continue contacten die hij met zijn geboortestad en -regio onderhield. Soms richtten Maastrichtenaren zich tot hun hooggeleerde gouwgenoot in Leuven om via hem voorspraak of inlichtingen te bekomen. Bij wijze van voorbeeld vermeld ik twee afzonderlijke brieven die een bijzondere onderlinge samenhang hebben. Op 21 september 1893 ontving Willems een schrijven van een zekere J. Verbist, Marengostraat 4 (tegenwoordig Vital Decosterstraat) te Leuven met volgende inhoud:

> "*Ik heb daar zoo even het bezoek ontvangen van eene vrouw die er mij diep bedrukt uit zag en bitter kloeg over de schulden in haar gasthof gemaakt door een zeker heer Jos De Ras. De som beloopt, zoo ik mij wel herinner rond de 400 franken. Op een brief hem door die vrouw toegezonden, heeft die kerel op de onbeschoftste wijze geantwoord, zoodanig dat zij het noodig achtte mij daarover te komen spreken. Daar die heer een Maestrichtenaar is, vermoed ik dat zijne familie u niet onbekend is, en neem ik de vrijheid u eerbiedig te vragen, of het niet mogelijk zou zijn, mij enige inlichtingen aangaande dien heer te bezorgen, voor wat aangaat bijzonderlijk of zijn vader vermogend genoeg is om de schulden zijn's zoons te vereffenen en of het geraadzaam zou zijn zich tot dien man te wenden. Josef De Ras is lang student geweest hier ter Hoogeschool en is*

28 KULeuven Universiteitsarchief – Archief P. Willems, stuk nr. 107.

29 Cf. *Bulletin bibliographique du Musée belge*, II (1898), p. 85.

het misschien nog. Zijne schulden berusten op levering van eetwaren en niet op leeningen"[30].

De schuldenmaker in kwestie was Joseph Marie Pierre Antoine de Ras (° 9 februari 1868 in Roermond), de zoon van de griffier bij de arrondissementsrechtbank te Maastricht[31]. Zijn grootvader aan moederszijde was de bekende Maastrichtse, uit Luxemburg afkomstige dichter Auguste Clavareau (1787-1864). Joseph was leerling aan het Maastrichtse Atheneum en kwam nadien – via een korte passage langs het Kleinseminarie van Sint-Truiden – naar Leuven om er aan de Letterenfaculteit te studeren. Hij was zelf ook een bevlogen dichter: in 1892 verscheen zijn bundel 'Eerste klanken' met een voorwoord van zijn professor Alberdingk Thijm. Een jaar later hield de Ras het studeren echter voor bekeken en keerde zonder diploma naar Maastricht terug, waar hij bij het stadsbestuur met succes solliciteerde naar de vacante functie van archivaris-bibliothecaris. De schulden waarvan sprake in de brief van Verbist aan Willems waren dus kennelijk het gevolg van dit vroegtijdig afgebroken studieverblijf in Leuven.

Maar de Ras had duidelijk goede herinneringen aan Leuven en keerde ook terug. Einde 1897 nam hij ontslag als stadsarchivaris van Maastricht. Enige tijd voordien moet hij de ongedateerde brief geschreven hebben, die zich ook in de correspondentie van Pieter Willems bevindt en waarin hij de professor verzocht om hem aan een baan in België te helpen. "Het is mij bekend dat uwe tal- en hoogst belangrijke betrekkingen niet weinig tot eene goede uitkomst kunnen bijdragen. Steeds is mijn verlangen geweest in België eene betrekking te bekleeden en nog kan ik niet nalaten zulks te beproeven. Mijne pretenties zijn niet hoog en mocht u eene gelegenheid weten ik zal u voor de bemoeiing steeds dankbaar blijven. Eene betrekking van adj. archivaris of archivaris zou mij ten zeerste bevallen"[32]. Willems heeft kennelijk

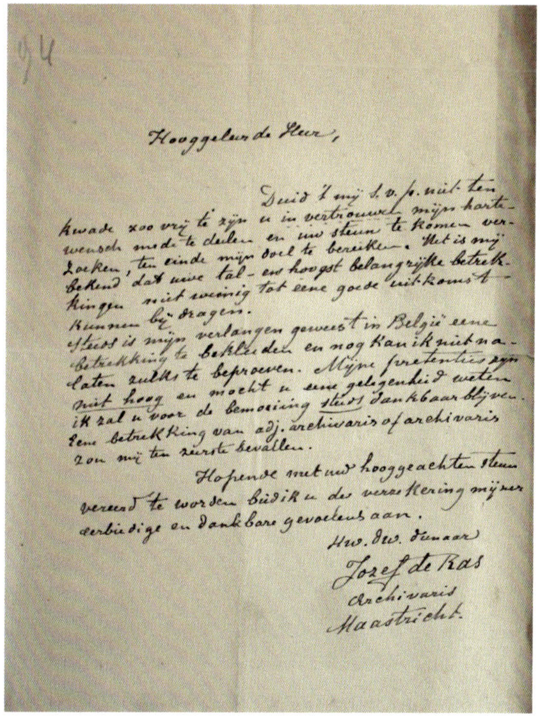
34

Hooggeleerde Heer,

Duidt het mij s.v.p. niet ten kwade zoo vrij te zijn u in vertrouwen mijn hartewensch mede te deelen en uw steun te komen verzoeken, ten einde mijn doel te bereiken. Het is mij bekend dat uwe tal- en hoogst belangrijke betrekkingen niet weinig tot eene goede uitkomst kunnen bijdragen. Steeds is mijn verlangen geweest in België eene betrekking te bekleeden en nog kan ik niet nalaten zulks te beproeven. Mijne pretenties zijn niet hoog en mocht u eene gelegenheid weten ik zal u voor de bemoeiing steeds dankbaar blijven. Eene betrekking van adj. archivaris of archivaris zou mij ten zeerste bevallen.

Hopende met uw hooggeachten steun vereerd te worden bied ik u de verzekering mijner eerbiedige en dankbare gevoelens aan.

Uw. Dw. Dienaar
Jozef de Ras
Archivaris
Maastricht.

Afb. 35 – Brief die de Maastrichtse archivaris Jozef De Ras aan Pieter Willems stuurde met het verzoek om hem in België aan een baan te helpen. (Universiteitsarchief KU Leuven)

gehoor gegeven aan dit verzoek. Naast deze brief zit in de map met correspondentie immers ook een condoleancekaartje naar aanleiding van Willems' overlijden, dat Joseph de Ras in 1898 aan de nabestaanden stuurde. Het kaartje vermeldt als functie van de afzender "Bibliothécaire de l'Université Catholique".

Ook andere brieven in de correspondentie getuigen ervan dat Willems in Limburg een netwerk aan contacten onderhield en dat men hem – met name vanuit zijn geboortestad – wist te vinden als men vanuit Leuven een inlichting nodig had. De Maastrichtse kapelaan Jos. Vrancken, die zich in zijn brief aan Willems voorstelt als "bizondere vriend uwer familie alhier", ging in 1894 bij de professor te rade met betrekking tot de opleiding van zijn broer. Die was aan de Amsterdamse universiteit "gepromoveerd tot medicinarum doctorandus" en "gaarne zou hij

30 KULeuven Universiteitsarchief – Archief P. Willems, stuk nr. 99.

31 Cf. NISSEN 1986, pp. 52-53.

32 KULeuven Universiteitsarchief – Archief P. Willems, stuk nr. 18.

Afb. 36 – Naamkaartje met condoléance dat Joseph de Ras, universiteitsbibliothecaris te Leuven, in 1898 aan de familie van de overleden Pieter Willems stuurde. (Universiteitsarchief KU Leuven)

wenschen in België den titel van 'doctor' te kunnen halen."[33] Een andere Maastrichtenaar, Eduard Vorage, verzocht Willems in 1897 om historische inlichtingen over de uit Maastricht afkomstige geneesheer Christiaan Van Geleen (1636) die mogelijk in Leuven gestudeerd had[34]. Ook in omgekeerde richting gingen de verzoeken. In een antwoordbriefje van de Maastrichtse geestelijke Willemsen uit 1867 meldde deze aan Willems dat hij graag ervoor zou zorgen dat in de *Courrier de la Meuse* een aanbevelende bespreking zou gepubliceerd worden over het boek dat Nicolas Laforêt, toen reeds twee jaar rector van de universiteit, kort voordien gepubliceerd had[35]. Deze brief bevat de hilarische zin: "Nieuws is hier niet, dan dat het sedert eenige minuten vreeselijk dondert". Een mooi voorbeeld van een Limburgse connectie is het verzoek dat de jonge Eugeen Leën (1862-1932) op 15 juli 1886 aan Willems richtte[36]. Leën had zich al tijdens zijn studietijd aan het Hasseltse Atheneum, waar hij les kreeg van Désiré Claes (1836-1910), als militant Vlaamsgezind laten opmerken. In 1884 had hij in de Limburgse provinciehoofdstad de katholieke Vlaamse studentengilde *De Jonge Klauwaarts* gesticht. Hij was de invuller van Willems enquêteschriftje voor Hasselt en scheef deze brief kort voor hij naar Brussel verhuisde om er als hoofdopsteller bij een uitgeverij te gaan werken. Na zijn huwelijk in 1890 zou Leën naar zijn geboortestad terugkeren om er de Sint-Quintinusdrukkerij op te starten, die vanaf 1904 de katholieke *Gazet van Hasselt* zou uitgeven. In de brief maakt Leën melding van zijn nieuwe baan in Brussel en ziet meteen een opportuniteit om de recente oprichting van de *Vlaamsche Academie* en Willems rol als eerste voorzitter onder de publieke aandacht te brengen:

> "*Zeer Geachte heer Willems*
>
> *Een paar uren nadat ik U het schrijfboek met bijzijnden brief opgezonden had, kreeg ik tijding van eene uitgevers-maaatschappij van Brussel, waarmede ik in onderhandeling ben voor het stichten van een geïllustreerd vlaamsch tijdschrift voor het volk. Die zaak zal op eersten Augusti wellicht geklonken zijn en op die dagteekening zal waarschijnlijk ook het eerste nummer verschijnen.*
>
> *Nu zou ik wenschen de afbeelding van eenen der mannen van de nieuwe Academie op de eerste bladzijde te kunnen brengen en wel allereerst den voorzitter en den secretaris.*
>
> *Ik ben dus zoo vrij U te komen vragen of gij mij uw portret kunt doen geworden voor dat doel. Zou dit niet mogelijk zijn ('t ware spijtig, want liefst had ik het Hoofd) dan vraag ik of Gij me dan de beeltenis van De Potter of van Lod. De Koninck (alhoewel deze nog niet in de Academie is) niet zoudt kunnen bezorgen [...].*
>
> *Als Gij me uw portret zendt, wil er dan eenige nota's over uw leven bijvoegen, slechts eenige vluchtige nota's met dato's.*"

Willems heeft aan dit verzoek voldaan. Dat blijkt uit de postkaart van 19 juli 1886, waarin Leën zich ook zijn handelsgeest laat blijken: "Ik heb heden uwen brief met inh. portr. ontvangen. Hartelijk dank; 't zal in ons eerste nr. plaats vinden, doch gelief het intusschen aan geen ander tijdschrift te verleenen, zoo men er U naar vroeg. Ik moet U nog om een dienst verzoeken. Zou het mogelijk zijn mij de lijst der leden van

33 KULeuven Universiteitsarchief – Archief P. Willems, stuk nr. 103.
34 KULeuven Universiteitsarchief – Archief P. Willems, stuk nr. 102.
35 KULeuven Universiteitsarchief – Archief P. Willems, stuk nr. 106.
36 KULeuven Universiteitsarchief – Archief P. Willems, stuk nr. 105.

het Davidsfonds afdeeling Leuven te bezorgen[37], om hen proefnr. te sturen ter inschrijving"[38].

De discrete netwerker

Naast zijn gematigde ideologische houding cultiveerde Willems kennelijk ook een grote mate van discretie. In zijn correspondentie getuigen een aantal brieven ervan dat men hem in vertrouwen nam en als bondgenoot probeerde te winnen voor allerlei zaken, banale als ook persoonlijke, en dat in al zijn hoedanigheden en functies. Enkele willekeurige voorbeelden om dat te illustreren.

In mei 1886 schreef de Leuvense student A. Vandenberghe Willems een lange brief om te melden dat hij na een lang ziekbed thuis te Poperinge nog steeds niet in staat was om naar Leuven terug te keren en de colleges weer te volgen. Hij verzoekt de hoogleraar/secretaris om bij de overheid tussen te komen, zodat hij zijn studiebeurs – waarop hij dit academiejaar geen beroep heeft kunnen doen – niet definitief zou verliezen[39]. In februari 1895 schreef advocaat Paul Van Hove een brief aan Willems met het verzoek om bij zijn schoonbroer, Victor Henot te Ieper, tussen te komen met het verzoek om zijn kandidatuur als substituut van de procureur des konings te ondersteunen[40]. Op 25 oktober 1895 schreef J. Van der Linde, kamerlid, aan Willems een briefje om te bevestigen dat M. Houben 'voor wien gij mij in het begin dezer maand een aanbeveling bij den Minister hebt gevraagd, te Alsemberg benoemd is. Ik heb hem zooeven de goede tijding medegedeeld"[41]. Een maand eerder wendde 'afdeelingsoverste' Vandroogenbroek zich tot Willems om voor hem te bepleiten bij minster Schollaert dat hij mee in aanmerking zou genomen worden voor een graadverhoging bij het ministerie en daaraan gekoppelde loonsverhoging van 5.500 frank (per jaar) naar 6.000 frank[42]. De Bruggeling Edward Gailliard (1841-1922), lid van de *Vlaamse Academie* was secretaris van de *Bestendige Commissie van Middelnederlandsche Letterkunde van de Vlaamse Academie* en schreef in 1889 een vertrouwelijke brief aan de commissievoorzitter, Willems. Hij vroeg Willems' steun om het voorstel van zijn co-auteur en eveneens academielid, Napoleon De Pauw (1835-1922), tegen te houden. Gaillard en De Pauw hadden namelijk samen een uitgave van Van Maerlants 'Istory van Troyen' bezorgd, die door de Academie zou worden uitgegeven[43]. Archivaris Gaillard was verbouwereerd over een voorstel dat collega De Pauw daarbij aan de Bestendige Commissie wou doen:

> *"hij wil namelijk de Commissie verzoeken er in toe te stemmen, voor onze uitgave van Troye, eene geillustreerde plaat, die als omslag en titelblad dienen zou, te laten teekenen. Op deze plaat zouden eeinge gebeurtenissen uit Maerlant's verhaal verbeeld zijn, als b.v. het vertrek van Jason op zoek naar het gulden vlies, de schaking van Helena, het houten peerd der Grieken, enz. Ik zou, wat mij betreft, er een medaillon willen bij zien ons Jason voorstellende in de slaapkamer der schoone Medea! Dat zou ten minste prettig zijn. Welnu ik vraag mij af wat eene geillustreerde plaat bij een werk als het onze te doen heeft. Onze uitgave van Troye, hoop ik, zal een ernstig boek zijn, voor ernstige mensen bestemd, en dat geen "santjes" behoeft"*[44].

37 Willems was naast zijn functie van algemeen voorzitter van het *Davidsfonds* ook gewoon bestuurslid van de Leuvense afdeling. Dat liet hem toe om voeling te houden met wat er aan de basis van zijn beweging leefde en om ook via dit bestuur te netwerken op lokaal Leuvens niveau.

38 KULeuven Universiteitsarchief – Archief P. Willems, stuk nr. 66.

39 KULeuven Universiteitsarchief – Archief P. Willems, stuk nr. 87. In deze brief komen we ook weer iets met betrekking tot de dialectenquête te weten. Vandenberghe schrijft immers: "heer Hoogleeraar, mijne ziekte heeft mij verrast, als ik te midden het werk was van uwen cahier. Ik heb gedwongen geweest aan eene kennis te vragen dat hij het werk zou voortzetten; en nu is het eindelik afgewrocht; hij zal het u in korte dagen afzenden."

40 KULeuven Universiteitsarchief – Archief P. Willems, stuk nr. 112.

41 KULeuven Universiteitsarchief – Archief P. Willems, stuk nr. 88.

42 KULeuven Universiteitsarchief – Archief P. Willems, stuk nr. 91.

43 Cf. DE PAUW & GAILLARD 1889-1891.

44 KULeuven Universiteitsarchief – Archief P. Willems, stuk nr. 67.

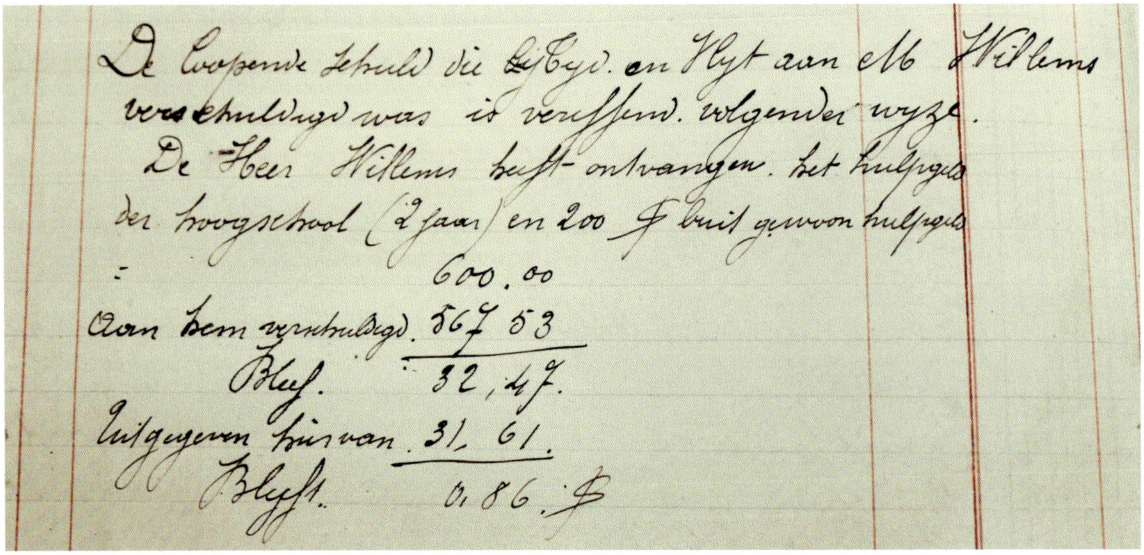
De loopende schuld die Tijd. en Vlijt aan M Willems
verschuldigd was is vereffend. volgender wijze.
De Heer Willems heeft ontvangen. het hulpgeld
der hoogschool (2 jaar) en 200 fr buit gewoon hulpgeld
: 600.00
Aan hem verschuldigd. 567 53
Blijf. 32,47.
Uitgegeven hiervan. 31. 61.
Blijft. 0.86. fr

Afb. 37 – Notitie in het kasboek van *Met Tijd en Vlijt* met betrekking tot het aflossen van de schuld die nog openstond bij voorzitter Willems. (Universiteitsarchief KU Leuven)

Wie het werk raadpleegt, kan zien welk compromis Willems in dit dispuut heeft weten te realiseren. Van enige illustratie op de kaft of titelpagina is er geen spoor. Maar voor de eigenlijke tekst begint, is er wel een sterk geïllustreerde pagina met de titel van Maerlants werk ingelast[45]. Het door Gaillard spottend gewenste slaapkamertafereel hoort uiteraard niet bij de afgebeelde scènes.

Ook in zijn rol als voorzitter van *Met Tijd en Vlijt* blijkt Willems soms discreet te zijn tussengekomen om problemen uit de weg te ruimen. Zo blijkt hij volgens het kasboek uitgaven te hebben voorgeschoten om de vereniging uit de rode cijfers te houden. Voor het werkingsjaar 1886-'87 noteerde de penningmeester: "Betaald door M. Willems 2106,03 – Ontvangen door M. Willems 1538,50". De nog openstaande schuld van 567,53 werd overgeboekt: "Er blijft eene lopende schuld aan M. Willems: 567,53". Het jaar nadien werd daar een creatieve oplossing voor geschapen. De penningmeester noteerde: "De loopende schuld die Tijd en Vlijt aan M. Willems verschuldigd was is vereffend volgender wijze. De Heer Willems blijft ontvangen het hulpgeld der hoogschool (2 jaar) en 200 fr buitgewoon hulpgeld." Willems had met andere woorden een extra dotatie van de universiteit aan *Met Tijd en Vlijt* geregeld om zo zijn voorschot terug te krijgen en de verenigingskas weer te doen kloppen.

Een laatste, maar opmerkelijk voorbeeld van de manier waarop ook Willems zelf discreet omging met persoonlijke gegevens, is in zijn collectie dialectenquêtes te vinden. Bij een tiental retour ontvangen enquêteschriftjes heeft hij nadien de naam, geboorteplaats en -datum met een mesje uit het titelblad gesneden en vervangen door een "X"[46]. Daardoor is

45 Cf. http://www.dbnl.org/arch/maer002npau01_01/pag/maer002npau01_01.pdf geraadpleegd op 22/8/2015.

46 Het gaat over de equêteschriftjes voor volgende plaatsen: Geraardsbergen [zowel schriftje (I) als (II)], Kortemark, Lokeren, Nevele, Nieuwpoort, Opwijk, Oosterzele, Oedelem, Ravestein, Sas van Gent, Stockheim en Zundert. Net als het schriftje voor 'Reekheim' werd dat voor 'Stockheim' nadien van een verkeerde Kloekecode voorzien (cf. de vergelijkbare

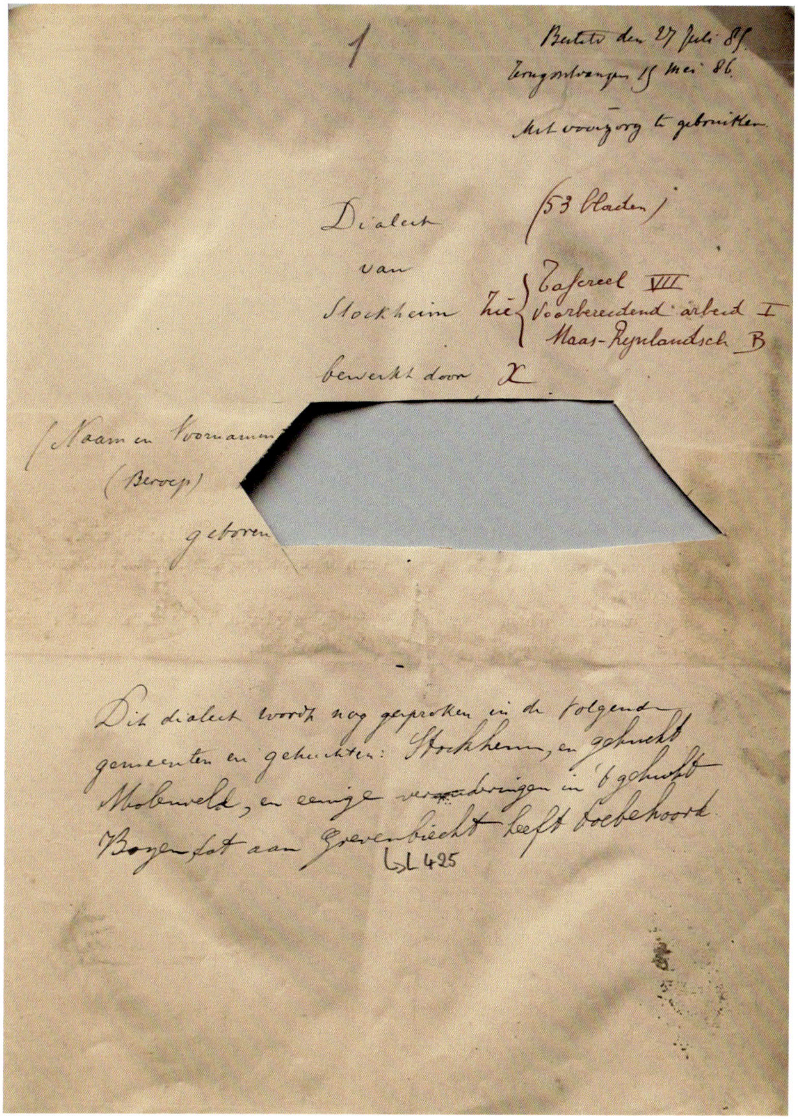

Afb. 38 – Het anoniem gemaakte enquêteschriftje voor Stockheim (tegenwoordig Stokkem), door de onbekende invuller aan Willems terugbezorgd op 19 mei 1886. (KANTL – foto: R. Belemans)

het onmogelijk om te achterhalen wie Willems' zegslieden voor het dialect van deze plaatsen geweest zijn. Zelf moeten zij bij het invullen niet de intentie gehad hebben om anoniem te blijven, want dan hadden ze hun naam ook gewoon niet kunnen invullen; zoals enkele andere bevraagden deden. De reden waarom Willems zelf deze anoniemisering achteraf wel nodig vond, blijkt uit het korte kwaliteitsoordeel dat hij na ontvangst in elk schriftje noteerde. Bij elk van deze dertien schriftjes velde Willems een (zeer)

opmerking over het schriftje voor 'Reekheim' in de bijdrage van W. Vandeweghe in dit boek). Met Stockheim wordt in het Willemsmateriaal duidelijk het huidige Stokkem (deelgemeente van Dilsen-Stokkem) bedoelt en niet de gelijknamige plaats in Duitsland.

negatief oordeel over de kwaliteit/nauwkeurigheid van het genoteerde dialect. De kwalificaties die hij eraan toekende variëren van "met voorzorg te gebruiken", "onnauwkeurig" en "zeer onzeker" tot "slecht", "erbarmelijk slecht", "allerslechtst" en "is nimmendale waard". Kennelijk vond hij het belangrijk om degene die wel de moeite genomen had, om hem dit schriftje dan ingevuld terug te bezorgen via de anonimiteit in bescherming te nemen. Deze ingreep is tegelijk ook een indicatie voor het feit dat Willems er kennelijk op bedacht was dat zijn enquêteschriftjes ook nog door anderen na hem zouden geraadpleegd worden.

Sint-Joris-Weert

Afb. 39 – Postkaart van het Biesenhof te Sint-Joris-Weert voor de Eerste Wereldoorlog, met hoge hoektoren en nog zeer landelijke omgeving. (Stadsarchief Leuven)

6. Willems en het Biesenhof in Sint-Joris-Weert

Paul Coeckelbergh

Sint-Joris-Weert is gelegen in de Dijlevallei, waarin de rivier zijn weg zoekt tussen weilanden en drassige 'broeken'. Het dorp heeft een oppervlakte van 395 ha, waarvan 159 ha bos. Vroeger liepen de weiden in de vallei regelmatig onder water. De 'Doode Bemde' zijn daar tot vandaag nog een getuige van, al wordt dit de laatste jaren beter onder controle gehouden. In het hoger gelegen gedeelte langs de oostkant van het dorp strekt zich het Meerdaalwoud uit, waarin enkele mooie kasteeltjes staan. Eén ervan, het zogenaamde 'kasteel Van Eyll', was in het midden van de 19de eeuw eigendom van Philippe Henot. Als Leuvense magistraat behoorde Philippe Henot tot de rijkere burgerij. Hij was rechter bij de rechtbank van eerste aanleg. Hij bekleedde ook vanaf 1843 tot aan zijn dood in 1871 ononderbroken het schepenambt in Leuven. Hij kocht ook het 'Kaubergerveld' in 1852 van Carolus (Charles) Lacroix. Carolus had hier een voormalige stokerij ('distillerie') omgebouwd tot een woonhuis. Op hetzelfde domein stond een kasteel, dat vroeger eigendom was van Emmanuel de L'Escaille, in 1808 de eerste burgemeester van Weert onder de Franse overheersing. De L'Escaille was door huwelijk erfgenaam

Afb. 40 – Postkaart die op 4 juni 1897 om 14 uur te Mechelen afgestempeld werd en geadresseerd was aan Pieter Willems in de Brusselstraat te Leuven. De Leuvense postmeester liet ze diezelfde avond na 19 uur doorsturen naar Sint-Joris-Weert, waar ze de volgende dag in het Biesenhof besteld werd. (Universiteitsarchief KU Leuven)

van een oud geslacht, de heren van Grez. Na de dood van rechter Philippe Henot in 1871 werd zijn zoon luitenant-generaal Albert Henot (1837-1923) eigenaar van het kasteel. Het goed dankt zijn aanduiding als 'kasteel van Eyll' aan de daaropvolgende eigenaar: baron Edgard Van Eyll (1865-1941). Hij erfde het kasteel via zijn huwelijk met Margueritte Henot (1873-1953), dochter van Albert Henot. De echtgenote van Pieter Willems was dus de aangetrouwde tante van baron Van Eyll.

Willems' geliefkoosde verblijfplaats

Drie jaar na zijn aanstelling tot professor aan de Katholieke Universiteit Leuven trad Pieter Willems op 26 september 1867 in het huwelijk met Maria Valentina Clémence Henot, de jongste dochter van Philippe en Joanna Caecilia Van Elewijck. Hiermee begint ook zijn nadere kennismaking met Sint-Joris-Weert. Naast de familiale banden zullen zeker de rust, het bos, de natuur en het landelijk karakter van Weert een sterke aantrekkingskracht hebben gehad op Pieter en Clémence. De rijke burgerij maakte in die tijd ook gebruik van het bos om te jagen. Willems verwierf naast zijn eigendom nog gronden langs de Kauwereelstraat. Tot 1874 woonde hij in het kasteel op het Kaubergerveld bij zijn schoonouders, daarna verhuisde hij naar de Brusselsestraat in Leuven. Tussen 1868 en 1885 kregen Pieter en Clémence negen kinderen: Cécile, Charles, Joseph, Maria, Jean, Valentine, Clémence, Caroline en Julie. Hun zoontje, Jean (Joannes Victor, geboren op 10 oktober 1876), overleed in Leuven op 15 juli en werd begraven in Weert op 18 juli 1885. Hij was maar goed acht jaar oud.

Pieter Willems erfde het 'Tarweblok' in 1872 via zijn vrouw, na het overlijden van haar vader Philippe Henot. In 1883-1884 bracht Pieter het Biesenhof in de toestand zoals het er nu nog bijna volledig uitziet. Het torentje, verhoogd in 1914, zou tijdens de oorlog getroffen worden en werd nadien wat minder hoog wederopgebouwd.

Aangezien hij in Leuven een herenhuis bezat, verbleef Willems vooral tijdens de zomervakantie in het Biesenhof om er te schrijven, te studeren en om zich te ontspannen. Tussen 1864 en 1884 werd het domein Biesenhof regelmatig uitgebreid door aankoop van gronden in de omgeving. Delen van het domein waren vroeger in handen van de Demasier (1838), Doublet Alexander en Charlotte, Brusselse renteniers (1859) of van de Leuvense advocatenfamilie, Vandertaelen (1843/1851). De stukken land 'Kauwerel' en 'Tarweblock' vormden de kern van het domein dat achter het kasteel een groot park en een stuk bos omvatte. In 1897 kocht Pieter nog twee stukken bouwland bij. Na zijn overlijden liet zijn weduwe een bijkomende constructie oprichten (1899) en kocht zij nog een stuk bouwgrond (1902)[1].

Het Biesenhof of het 'kasteeltje' staat aan de hoek van de Kauwereelstraat (Caverelle). Kauwereel is afgeleid van Caverelle of de wijk Kauwer Hel of Caverelle broek, wat betekent 'verhoogde berm' of 'dijk' om bij overstroming van de Dijle het water tegen te houden. Het waren vochtige weilanden. De naam van deze grote herenwoning, eertijds 'kasteel' genoemd, verwijst ook naar de lager gelegen weiden. Deze private weiden gebruikte men als hooiland (eusel). De benaming 'bies' komt van de houten of boomstronkomheining om het eigendom af te bakenen.

Plattelandsrust en protestanten

In de tweede helft van de 19de eeuw was Weert een klein plattelandsdorpje met circa 700 inwoners. De meeste mensen waren kleine boeren of gingen werken in Leuven of in Wallonië. Thuis hield de vrouw een koe, een varken en wat kippen. Soms bezat men ook een klein stuk land, dat door de vrouw en kinderen bewerkt werd. Een aantal kleine boeren werkten voor grotere boeren en konden voor

1 Cf. Archief van de Geschied- en Heemkundige Kring Oud-Heverlee – Fonds Paeps / Clabots, Map A, 2 en 8.

Afb. 41 – Het Biesenhof – zijde Kauwereelstraat - zoals het er vandaag uitziet. (foto: R. Belemans)

zichzelf een klein stuk land bewerken. Zij gebruikten dan het paard of landwerktuigen van hun pachtheer.

Tussen 1845 en 1850 werd ook de bevolking van Weert getroffen door hongersnood. Na mislukte oogsten van aardappelen en rogge nam de armoede toe. Tyfus en cholera joegen het sterftecijfer omhoog. De pastoor speelde een belangrijke rol in het leven van de mensen. Zijn grootste zorg was om twijfelaars en afvalligen terug naar het katholiek geloof te brengen. Rond die periode kwam er te Weert een protestantse gemeenschap tot stand, die van 1854 tot 1859 en van 1874 tot 1883 zelfs over een eigen predikant beschikte. In de tussenliggende periode kwam er een predikant uit Leuven. Het begon na een conflict met de pastoor. Sommigen lieten zich overhalen door de vurige preken van de protestantse dominees. In 1854 zorgde de protestantse 'Société Biblique' voor de nodige middelen om een eigen kerk te bouwen. Wegens de armoede en de onverdraagzaamheid waarvan ze het slachtoffer waren, weken de meeste protestanten echter uit. Samen met Waalse lotgenoten uit de streek trokken ze naar de Verenigde Staten, waar ze te Green Bay in de staat Wisconsin een nederzetting stichtten.

In Sint-Joris-Weert slaagde dominee Gerrits erin om veel vertrouwen te winnen. Hij kon van 1874 tot 1876 godsdienstonderricht aan de kinderen geven. Hij stelde vast dat de meeste kinderen niet konden lezen of schrijven. Zij gingen in die tijd nog niet regelmatig naar school: thuis was er altijd werk genoeg. De schoolmeesters zagen vooral veel kinderen op felle regendagen en tijdens de wintermaanden.

Afb. 42 – De kerk van Sint-Joris-Weert met rechts op de voorgrond nog het oude kerkhof, waar zich het familiegraf Henot-Willems bevond. (Stadsarchief Leuven)

Het protestantisme verdween in de jaren 1880 uit Sint-Joris-Weert. In de plaats kwam de strijd tussen katholieken en liberalen. De pastoor moest zich tijdens de schoolstrijd van 1879-1884 opnieuw schrap zetten om zoveel mogelijk gezinnen ervan te overtuigen hun kinderen naar de katholieke lagere school te sturen met katholieke onderwijzers. Het was in die periode dat pastoor De Coninck een lokaaltje in een kleine boerderij bij de kerk huurde om zijn school in onder te brengen. Hij deed beroep op de zusters van Onbevlekte Ontvangenis uit Overijse die tot 1903 de lessen verzorgden.

De ontsluiting van Sint-Joris-Weert kwam er door de spoorweg Leuven-Waver-Ottignies in 1855 en vanaf 1902 door de buurtspoorlijn van Hamme-Mille via Vossem naar Schaarbeek. Toen Pieter Willems in Weert verbleef, kon hij met de trein naar Leuven. Wij weten niet of hij daarvan gebruik maakte. Mogelijk kwam hij op zondag en tijdens de vakantieperiodes met paard en koets samen met vrouw en kinderen naar zijn buitenverblijf.

De Sint-Joriskerk

De Sint-Joriskerk werd in 1856-1858 herbouwd door de Leuvense architect Van Arenbergh. Het is een driebeukig gebouw in baksteen en witte zandsteen met een ingebouwde westertoren. Van een vroegere kerk werd alleen een gedeelte van het koor uit de zestiende eeuw bewaard. De pastoor zette de nieuwe kerk in tegen het opkomende protestantisme. De katholieken zouden na een 30-tal jaren het pleit winnen. De (schoon)familie van Pieter Willems behoorde tot de notabelen van het dorp. Voor de families Henot en Willems fungeerde deze kerk als de plaats voor de belangrijke familiale momenten. Het kerkelijk huwelijk tussen Pieter Willems en Clémence Henot had hier op zaterdag 28 september 1867 plaats. De getuigen waren Carolus Henot, broer van de bruid, en Felix Kraus, collega en vriend van de bruidegom.

Voor de begrafenis van zijn jong gestorven echtgenote Cécile Van Elewyck liet rechter Philippe

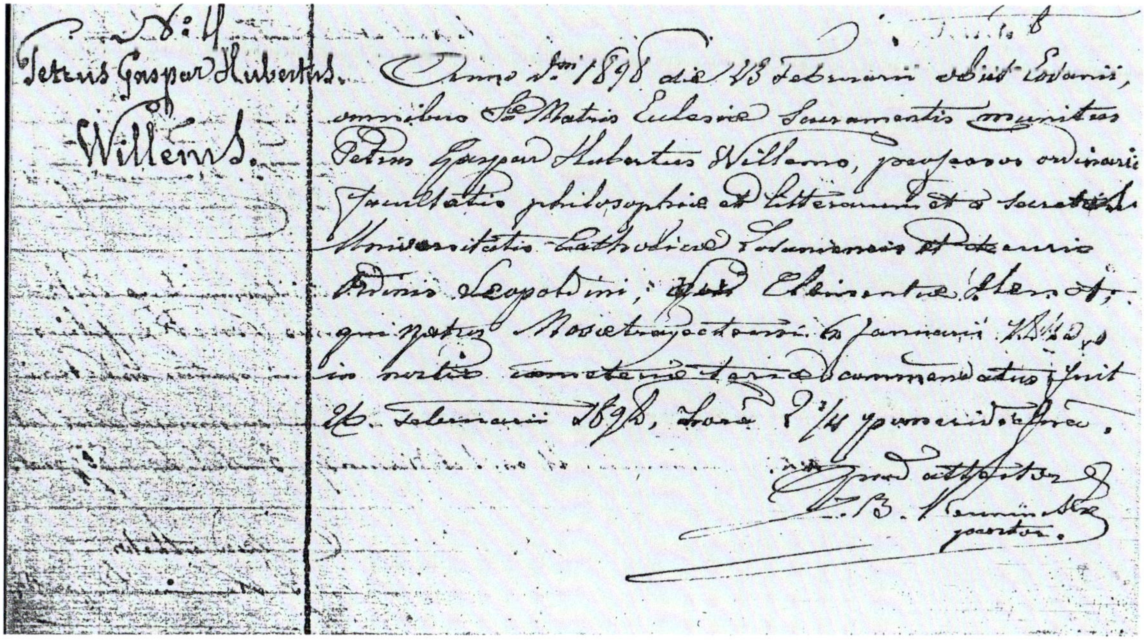
N° 4 Petrus Gaspar Hubertus Willems.

Anno Dni 1898 die 23 Februarii obiit Lovanii, omnibus S. Matris Ecclesiae Sacramentis munitus Petrus Gaspar Hubertus Willems, professor ordinarius facultatis philosophiae et litterarum et secretarius Universitatis Catholicae Lovaniensis et [illegible] Ordinis Leopoldini; [illegible] Clementinae Henot, qui natus Mosaetrajecti 6 januarii 1842, in nostro cemeterio terrae commendatus fuit 26 Februarii 1898, hora 9 3/4 [illegible].

Quod attestor J.B. Keuninckx pastor.

Afb. 43 – Overlijdensakte van Pieter Willems in het register van de kerkfabriek van Sint-Joris te Sint-Joris-Weert. De akte werd geregistreerd en ondertekend door E.H. J.B. Keuninckx, pastoor van 1880 tot 1902. (Archief van de Geschied- en Heemkundige Kring Oud-Heverlee – foto: Paul Coeckelbergh)

Henot naast de parochiekerk van het Biesenhof een grafkelder inrichtten. Ook hijzelf werd hier in 1871 bijgezet. Toen in 1885 het 8-jarige zoontje van Pieter en Clémence overleed, werd ook hij hier begraven. Ook Willems zelf kreeg hier in februari 1898 zijn laatste rustplaats; evenals zijn echtgenote, die op 29 november 1907 in het Biesenhof overleed. Toen de kerkfabriek van de Sint-Joriskerk in 1903 schilderijen voor een nieuwe kruisweg aankocht, schonk de weduwe Willems de vierde statie – misschien niet toevallig met als thema 'Jezus ontmoet zijn moeder' – 'ter nagedachtenis van Mr. P. Willems, hoogleraar te Leuven'. Dit opschrift onder het schilderij is vandaag nog de enige getuigenis van de rol die deze kerk in Willems' leven gespeeld heeft. In 1953 heeft de gemeente het kerkhof ontruimd en de graven weggehaald, behalve enkele grafstenen en herinneringsmonumenten die langs de kerkmuur werden geplaatst. Het grafmonument van de familie Henot verdween evenwel. Op het nieuwe kerkhof is van hen geen spoor meer te vinden.

Het Biesenhof na Willems' dood

Het Biesenhof werd na de dood van weduwe Clémentine Willems-Henot in 1907 geërfd door de acht kinderen. De oudste, ongehuwde dochter, Cécile, had er sinds de verkoop van het woonhuis in de Brusselsestraat te Leuven met haar moeder gewoond. Zij verhuisde op 20 februari 1920 naar Luik, wellicht om er bij haar broer professor Joseph Willems te gaan inwonen. De twee jongste, ook ongehuwde, dochters Caroline en Julie waren officieel in Sint-Joris-Weert gedomicilieerd, maar hadden als formele tweede verblijfplaats het klooster van Berlaimont te Brussel, waar ze ingetreden waren. De andere kinderen hebben het Biesenhof wellicht als buitenverblijf of als vluchthuis tijdens de oorlog

Afb. 44 – De vierde statie van de kruisweg in de Sint-Joriskerk. In 1909 aan de kerk geschonken door weduwe Willems-Henot ter nagedachtenis aan haar man. (foto: R. Belemans)

gebruikt. Na de oorlog besloten de kinderen Willems echter om het huis met de gronden in Sint-Joris-Weert te verkopen. Op 3 juli 1920 ging de eigendomstitel over op Nestor Joseph Pilet en zijn echtgenote Emma Talon, die reeds eigenaar waren van gronden en huizen uit Sint-Joris-Weert. In 1922 verkochten zij het op hun beurt door aan de coöperatieve vennootschap 'Bienfaisance Patriotique' uit Brussel, die zich tijdens en na de Eerste Wereldoorlog inzette voor hulp en ondersteuning aan gewonde soldaten en behoeftigen[2]. In 1928 kwamen Zusters Passionisten in het Biesenhof wonen. Deze nieuwe orde was kort voordien, op 8 december 1927, opgericht in Wezembeek. Het huis in Wezembeek werd te klein voor 8 zusters. Zij kochten het kasteeltje op 29 september 1928.

De Zusters Passionisten kwamen van Wezembeek naar hier omdat Weert goed gelegen was: dicht bij Leuven, bereikbaar met de trein, waar verschillende zusters een medische opleiding volgden of studeerden voor lerares. Het was de bedoeling dat men zo vlug mogelijk zou vertrekken naar de missies in Congo. In 1932 verhuisde de orde naar Tienen, waar Moeder Overste Martha Vandeputte een nieuw klooster liet bouwen. Hun vzw heette '*Les Passionistes Misssionnaires*'[3]. De zusters verkochten het goed in drie delen aan leden van de familie De Keyser uit St.-Agatha-Rode: Ludovicus, Guilielmus en Maria Catharina werden de nieuwe eigenaars van het Biesenhof. Maria Catharina De Keyser was getrouwd met Franciscus Théodorus Vanopdenbosch, landbouwer-werkman. In 1961 verwierf Theodorus Vanopdenbosch het grootste deel van de eigendommen van zijn schoonbroers. Steeds meer stukken grond die bij het vroegere kasteel van Eyll had behoord werden verkocht. De volgende eigenaars van het Biesenhof waren advocaat en mevrouw Dubois en nadien – tot op heden – dierenarts Pascal Van Aerschot, die het gebouw helemaal restaureerde en zijn oude glorie uit Willems' tijd terug gaf.

2 Biesenhof, akten van verkoop, 1929, 1933, 1942,1960,1961 in privébezit Pascal Van Aerschot.

3 Zusters Passionisten: www.moedermartha.be/Paginas/stichteres-van-een-nieuwe-orde.aspx (geraadpleegd op 22/8/2015)

Willems' nalatenschap: de dialectenquête

Afb. 45 – De schriftjes voor Maastricht, Leuven en Sint-Joris-Weert uit de dialectenquête van Pieter Willems. (KANTL – foto: R. Belemans)

7. Een korte rondleiding in het dialectmateriaal van Pieter Willems

Georges De Schutter

Op 13 november 2013 had in het stadhuis van Leuven een academische zitting plaats waarop een onooglijk schriftje, dat decennia lang als 'vermist' te boek had gestaan, aan vertegenwoordigers van de KANTL werd overgedragen. Dat schriftje is een van de 348 die tezamen het materiaal-Willems uitmaken[1] en waarvan er nu nog steeds een viertal zoek zijn. Maar dat ene verloren zoontje dat naar het vaderhuis terugkeert, is wel een heel belangrijk deel van de verzameling; niet alleen omdat het over het stadsdialect van Leuven handelt – stadsdialecten hebben altijd veel aandacht gekregen in de dialectstudie – maar vooral ook omdat het een uitstekend ingevuld exemplaar is van de grote dialectenquête van Pieter Willems. In deze bijdrage wil ik proberen om aard en belangrijkste karakteristieken van die uitzonderlijke materiaalverzameling uit het einde van de negentiende eeuw toe te lichten. Ik wil dat graag doen in twee grote onderdelen. Ik doe eerst een poging om het algemene karakter van de verzameling toe te lichten. Wat zijn de achtergronden van de onderneming waaruit die verzameling is voortgekomen? Welke doelstellingen had de initiatiefnemer ervan? Welke problemen doken op bij het opstellen van de vragenlijsten en natuurlijk ook bij het invullen daarvan? En ten slotte valt er ook iets te zeggen over de omvang van het materiaal. Ik hoop dat ook voor de leek in de taal- en dialectwetenschap op een bevattelijke manier te kunnen behandelen. Daarna ga ik nog even in op de vraag wat deze immense materiaalverzameling voor de taalwetenschap van de twintigste eeuw betekend heeft, en wat ze in de eenentwintigste nog verder zou kunnen bijdragen.

Voor beide onderdelen maak ik gebruik van een verzameling artikelen die in 1989 aan het materiaal-Willems gewijd is door de redactie van het tijdschrift *Taal en Tongval*, met als gastredactie J. Goossens, J. Taeldeman en A.A. Weijnen. Wie meer over de materiaalverzameling van Willems wil weten, kan ik dit themanummer uit de *Taal en Tongval*-reeks van harte aanbevelen.

1 Een volledige lijst van alle enquêteschriftjes geeft BROK 1989, pp. 61-72.

Waar komt het materiaal-Willems vandaan, en wat is het eigenlijk?

Het *materiaal-Willems* is het resultaat van een bevraging bij honderden dialectsprekers uit België, Nederland, Frankrijk, Duitsland en (met één enkele bijdrage) Luxemburg. In al die gebieden gaat het om sprekers van dialecten die teruggaan op Nederfrankische dialecten zoals die gesproken zouden zijn bij het begin van de Germaanse kolonisatie van de gebieden ten westen en ten zuiden van de Rijn (er zijn een paar uitzonderingen: in een vijftal opgenomen plaatsen in Luxemburg en in het zuiden van het Rijnlandse gebied wordt wel Frankisch, maar geen Nederfrankisch gesproken). Die afgrenzing heeft van doen met een fascinatie van Pieter Willems, de initiatiefnemer van de onderneming en opsteller van de vragenlijst, met *Francia*, de geografische entiteit dus waar die 'Germaanse' kolonisten uit de eerste eeuwen van onze jaartelling zich als heersers gevestigd hebben, waar ze hun taal hebben opgedrongen en waar die taal in een of andere vorm tot in de laatste decennia van de negentiende eeuw is blijven bestaan. In de meeste van die gebieden bestaat ze trouwens nog steeds; de uitzondering is Frans-Vlaanderen, waar de oorspronkelijke dialecten anno 2014 als actieve communicatiemiddelen uitgestorven zijn.

Over hoe Pieter Willems zijn passie voor precies die taal en de dialecten ervan heeft opgelopen is tot nog toe weinig bekend. Tenslotte weten wij dat Willems van opleiding latinist was, en ook professioneel alleen maar met Latijn bezig is gebleven: hij was nu eenmaal hoogleraar Latijn aan de Leuvense universiteit. Maar we weten ook dat hij van plan was een boek te gaan schrijven over dat geponeerde *Francia*. En vooral weten wij dat hij zijn uiterste best heeft gedaan om informatie uit de eerste hand (van dialectsprekers) te krijgen over al die verschillende 'Germaanse' streektalen die in het Nederfrankische gebied ontstaan zijn en zich verder ontwikkeld hebben.

Als wij van een 'Nederfrankisch' taalgebied spreken moeten wij toch wel in het oog houden dat dat gebied van oudsher, waarschijnlijk al van in het begin van zijn bestaan, erg gediversifieerd is geweest. Er was al van in de vroege middeleeuwen een fundamentele geografische splitsing, tussen een oostelijke en een westelijke 'vleugel'. Pieter Willems is zelf afkomstig uit Limburg, waar Oostnederfrankische dialecten gesproken werden (net als in het Duitse Rijnland), en heeft het grootste deel van zijn leven doorgebracht in Brabant, waar de volkstaal Westnederfrankisch was. Bovendien moet hij in Leuven ook met andere westelijke dialecten (tot en met de West-Vlaamse, die zeker niet 'zuiver' Frankisch genoemd kunnen worden, maar ook invloeden van andere Germaanse stamtalen verraden) in contact zijn gekomen. Die multidialectische achtergrond zal hem geholpen hebben bij het opstellen van zijn grote enquête. Wie die nu, gewapend met de intussen gedurende meer dan een eeuw opgebouwde kennis van al die zuidelijke Nederlandse dialecten, bekijkt, moet wel versteld staan van de grondigheid waarmee de reusachtige vragenlijst opgebouwd is: die bevat, behalve woorden en uitdrukkingen die ook in de algemene taal voorkomen, ook honderden items die beperkt zijn tot soms kleine dialectgebieden, ver van de zuidelijke en oostelijke plaatsen waar de ontwerper zelf 'thuis' was. Een klein voorbeeld daarvan. Als Willems wil achterhalen welk woord gebruikt wordt om aan te geven dat een eigenschap in hoge mate aanwezig is (in hedendaags Nederlands dus b.v. *heel* of (in de schrijftaal) *zeer* in combinaties als *heel / zeer veel – heel / zeer mooi*), suggereert hij zelf een groot aantal mogelijkheden, waaronder *stief* (*stijf*), *bitter*, *bot*, *dom*, *neig* (eigenlijk had dat met *ij* gespeld moeten worden), *veul*, *ieëstig*, *fel*, *braaf*, *danig*, *heel*, *vinnig*, *dol*, *ondeugend*, *akelig*, *misselijk*, *lomp*.

Al die suggesties worden door sommige invullers voor het door hen gesproken dialect opgegeven, maar voor geen enkel dialect worden ze allemaal als mogelijk gesignaleerd. En als je alle enquêtes doorneemt, dan blijkt dat *stief* (*stijf*) op het einde van de negentiende eeuw (net als nu nog steeds) alleen maar in het westen voorkwam, terwijl *nijg* dan weer oostelijk was (en is). Veel invullers hebben ook nog andere mogelijkheden opgegeven, maar heel opmerkelijk: het woord *wreed*, dat nu in grote delen van Oost-Vlaanderen, en zelfs geleidelijk aan ook daarbuiten in gebruik is/komt, is niet bij die toevoegingen. Dat zou er op kunnen wijzen dat dat een vernieuwing is, opgekomen in de twintigste eeuw: woorden krijgen in de loop van de tijden nu eenmaal nieuwe gebruikswijzen. Iets vergelijkbaars hebben wij ook bij het woord *kei* dat in de hedendaagse jongerentaal aan bijvoeglijke naamwoorden toegevoegd wordt om precies hetzelfde (versterking) uit te drukken (b.v. *keigoed*, *keiveel* en zelfs *keinijg*, dat dan zelf weer de betekenis van *heel* krijgt). Maar ook *kei* wordt niet door Willems als mogelijkheid gesignaleerd (dat gebeurt wel met b.v. *door(goed), over(groot), in(goed))*, en geen enkele informant van de jaren 1880 geeft het als mogelijkheid op. Dat is in dit geval ook meer dan normaal, want *kei* is zeker een vernieuwing van de laatste decennia, en dan nog alleen in de taal van kinderen en jongeren.

Een grote enquête met beperkingen

Met het voorbeeldje kunnen wij meteen ook illustreren wat de mogelijkheden van het verzamelde materiaal zijn, maar ook waar de limieten daarvan liggen. Er komt heel veel informatie over de verspreiding van woorden, uitdrukkingen en zinstypen. Maar tegelijk zijn er stevige beperkingen: over wat niet uitdrukkelijk door de opsteller van de enquête vermeld wordt, komen wij alleen maar iets te weten als de informanten dat uit eigen beweging zelf toevoegen: het is bijvoorbeeld mogelijk dat *wreed* hier en daar toch al met de betekenis '*zeer, heel*' gebruikt werd, maar dat het aan de aandacht van de invullers ontsnapt is.

Dat er op die manier heel wat tussen de plooien gevallen kan zijn, is evident: de informanten hadden hun handen meer dan vol met na te denken over wat Willems zelf voorlegde en wat hij daarbij allemaal wilde weten, en met dat dan ook nog eens zo goed mogelijk te noteren. We nemen weer een paar voorbeelden. Bij de zelfstandige naamwoorden moest de welwillende invuller niet alleen aangeven of een bepaald woord gebruikelijk was, en in welke vorm dan wel, maar ook of dat woord mannelijk, vrouwelijk of onzijdig was, wat het meervoud was, en wat het verkleinwoord. Zo kon voor het Oost-Vlaamse dialect van Maldegem b.v. opgegeven worden dat 'tijger' in het enkelvoud *nen tiegere* was, in het meervoud *tiegers*, en dat het verkleinwoord *tiegerke* luidde. En datzelfde werd dan gevraagd voor een paar honderd andere zelfstandige naamwoorden. Bij de werkwoorden was het nog veel erger: van *laden* b.v. moest niet alleen de noemvorm of infinitief gegeven worden, maar ook de vorm voor *ik laad – jij laadt – hij laadt – wij laden – jullie laden – ik laadde – laad* (imperatief ev. én mv.) – *geladen*. En al die verschillende vormen ook weer voor een paar honderden werkwoorden. Professor Jan Goossens heeft eens uitgerekend dat in totaal niet minder dan 15.554 vragen gesteld werden[2]. Een bijna onmenselijke taak was dat om die allemaal te beantwoorden. Het kan dus ook geen verwondering wekken dat veel – waarschijnlijk de meeste – informanten het maar gelaten hebben bij wat in die enorme vragenlijst zelf gesuggereerd werd. Het is echter ronduit verbazend hoeveel extra informatie er door sommigen toch nog toegevoegd werd.

Boven is ook nog op een ander pijnpunt gewezen: de invullers moesten zo goed mogelijk weergegeven wat ze bedacht hadden. Willems had daarvoor instructies opgesteld, en die werden aan elke potentiële invuller ter hand gesteld: in handschrift! Want uiteraard: fotokopieën bestonden nog niet, en kennelijk was het allemaal te complex om het te laten drukken, of misschien was daar in tijden dat men nog niet op het *Nationaal Fonds voor Wetenschappelijk Onderzoek* terug kon vallen, geen geld voor.

2 GOOSSENS 1989, p. 9.

Het moet voor de initiatiefnemer een heidens karwei geweest zijn om voor elke verzonden of uitgereikte enquête een drietal bladzijden over te schrijven (een voorbeeld wordt gegeven door Taeldeman[3]). Het zal wel heel frustrerend geweest zijn om dan daarna te moeten vaststellen dat de meeste informanten uiteindelijk een eigen systeem hadden opgebouwd, of soms helemaal ad hoc naar oplossingen voor problemen gezocht hadden. Dat is dus ook voor de hedendaagse onderzoeker die het materiaal wil gebruiken een probleem. Ik geef een voorbeeld: in grote delen van Zuid-Brabant en het oosten van Oost-Vlaanderen (de Denderstreek met Aalst – Ninove – Geraardsbergen) gaan de meeste dentalen (of coronale consonanten, zoals ze eigenlijk genoemd zouden moeten worden) (*n-l-d-t*) zich eigenaardig gedragen als die in een woord gecombineerd worden: *hand* of *tent* of *held* worden dan gemouilleerd, d.w.z. dat ze een *j-* of *sj-*achtige bijklank krijgen. Dat is perfect weer te geven in fonetisch schrift, maar zoiets bestond in die dagen nog niet. Bovendien hadden de meeste invullers sowieso niet de training gehad om iets dergelijks te gebruiken. Over dit probleem rept Willems ook in zijn instructies met geen woord. Hier was het voor de invullers bijgevolg behelpen geblazen. In het beste geval zou iemand uit Aalst voor de drie net gegeven woorden zoiets hebben kunnen invullen als *anjtsj – tanjtsj – aljtsj*. Maar niet iedereen was zo creatief met het bestaande alfabet, en dus krijgen wij ook heel andere dingen te zien.

We moeten het dus wel constant voor ogen houden: de problemen waar de invullers voor stonden zijn immens geweest, en de oplossingen die zij in het beste geval gevonden hebben, scheppen vaak al even grote problemen voor wie het materiaal wil gebruiken. Toch zijn die interpretatieproblemen bijna nooit onoverkomelijk. Bijgevolg is er op basis van het materiaal-Willems behoorlijk wat goed tot voortreffelijk dialectonderzoek gebeurd.

3 TAELDEMAN 1992, pp, 47-51.

Belangrijk aan het materiaal-Willems is ook de 'netdichtheid' ervan. Daaronder verstaat de dialectoloog het volgende: een enquête kan natuurlijk bedoeld zijn om op één plaats uitgevoerd te worden (eventueel dan bij heel veel verschillende mensen, met heel verschillende sociale profielen: jong-oud, met hoog/laag inkomen, man/vrouw, enz.). Gewoonlijk is het evenwel de bedoeling om via de bevraging zicht te krijgen op de geografische verspreiding van taalfenomenen in een heel gebied. Ik heb het er boven al over gehad: Pieter Willems had een heel specifiek deel van het Nederlands taalgebied op het oog: dat waar de Franken zich in de eerste eeuwen van onze jaartelling gevestigd hadden. Dat wil dus zeggen: de Germaans geworden gebieden ten zuiden en ten westen van de Rijn en bovendien ook ten minste Zuid-Holland (eigenlijk Holland tot ter hoogte van Amsterdam), de provincie Utrecht en het zuidelijke deel van Gelderland. Ten noorden van dit gebied waren in de eerste eeuwen van onze jaartelling andere Germaanse stammen dominant: de Friezen en de Saksen. En die interesseerden Willems niet direct.

Een deel van het zo afgebakende gebied plaatste Willems kennelijk voor problemen, met name bij het vinden van betrouwbare informanten. Het was uiteraard, gegeven de enorme complexiteit van het uit te voeren onderzoek, nodig om gestudeerde mensen te vinden, die bovendien tijd konden en – misschien na enige aandrang – wilden besteden aan een werk dat bij de meesten als 'eigenaardig', misschien zelfs 'zonderling' overgekomen zal zijn. Willems heeft ruim geput uit het areaal van studenten die hij in zijn colleges Latijn voor zich kreeg: letterenstudenten (grotendeels latinisten), historici, maar ook juristen en theologen (priesters). En verder heeft hij duidelijk gezocht in wat wij tegenwoordig zijn 'sociaal netwerk' zouden noemen: bekenden, vrienden, leden van genootschappen, toevallige of geregelde correspondenten, enz. Zulke netwerken moet hij zowel in België, in Frans-Vlaanderen en in het Duitse Rijnland als in Nederland gehad hebben. En even duidelijk is dat de leden ervan een uitgesproken katholieke signatuur hadden: tegenover een massa katholieke geestelijken bij de informanten van zijn enquête stond er welgeteld één protestantse dominee. Maar daarmee bleef Willems dus in de kou staan in een reeks diepprotestantse regio's in Nederland: de Zeeuwse eilanden en delen van Zeeuws-Vlaanderen, en verder ook de Veluwe in Gelderland en het overgrote deel van Holland. Dat zijn dus allemaal blinde vlekken op de verspreidingskaart van de ingevulde boekjes.

Dat Pieter Willems een heel traditioneel-katholiek netwerk van relaties had, spoorde natuurlijk heel goed met zijn professionele omgeving aan de Leuvense universiteit en zijn maatschappelijk engagement. Willems z'n contactengroep is daarnaast – natuurlijk geenszins verbazend in die tijd – ook een echt mannenbastion. Al was er toch één dame onder de respondenten: een apothekersvrouw uit Mülheim aan de Ruhr. Voor meer informatie over het informantenbestand verwijs ik naar het artikel van Goossens in de reeds genoemde bundel[4].

Maar ondanks de moeilijkheden met het vinden van invullers omvat het wel bestreken gebied toch ongeveer de helft van het Nederlandse taalgebied. Het gaat dan over Frans-Vlaanderen, alle Vlaamse provincies in België, met inbegrip van het noordoosten van Luik, en de volgende gebieden in Nederland: Limburg, Noord-Brabant, het zuiden van Zuid-Holland, Utrecht en Gelderland, en Zeeuws-Vlaanderen. Het deel van dat gebied ten zuiden van de Grote Rivieren (Maas en Rijn) is goed met enquêtes bezet. In totaal gaat het om 272 plaatsen, wat dus betekent dat de dichtheid van het opnamenet vrijwel gelijk is aan die van de recentste grote onderneming op het gebied van de dialectverzameling: het materiaal-Goeman-Taeldeman-Van Reenen dat verzameld is in de jaren tachtig van de twintigste eeuw (dus zowat honderd jaar na de onderneming van Willems). Een mooi resultaat, hoewel we er onmiddellijk aan toe moeten voegen dat er lang niet voor al die plaatsen volledige en goede invullingen zijn, verre van daar. En voor sommige deelvragen is het aantal reëel bruikbare gegevens echt wel te klein. Dat heeft met heel verschillende dingen te maken. Ik som de voornaamste oorzaken van deficiënties nog eens op:

- Niet iedereen bij de invullers heeft voldoende zicht op taalverschijnselen om uit te maken wat belangrijk is of juist niet.
- Niet iedereen slaagt erin de taalfeiten die hij waarneemt ook adequaat op schrift te zetten.
- Wie geconfronteerd wordt met een reuzenopdracht als die van de enquête-Willems, zal vrijwel zeker op bepaalde tijdstippen de noodzakelijke alertheid verliezen: mentale en waarschijnlijk ook fysieke vermoeidheid zullen de noteringen indertijd geen goed gedaan hebben.

En dan is er ook nog het feit dat niet iedere invuller de arbeid tot een goed einde heeft kunnen – of willen – brengen. Nogal wat invullers hebben onvolledig ingevulde schriftjes teruggestuurd. Sommigen hielden het na een paar bladzijden – eventueel wel degelijk ingevuld – voor bekeken. Of ze beperkten zich verder tot het beantwoorden van vragen die hun interessant leken, terwijl ze de rest dan maar zo lieten. Gelukkig krijgen wij zo relatief heel veel informatie over dingen die er echt wel toe doen: eigenaardige vormen en gebruikswijzen van persoonlijke voornaamwoorden bijvoorbeeld of het gebruik van speciale syntactische constructies. Zulke *eye catchers* zijn vaak door bijna alle informanten opgemerkt en kennelijk ook met meer dan gewoon enthousiasme beantwoord.

Wij weten ook heel weinig (tot niets) over de kennis van Pieter Willems van taalkundige systemen. Maar iedereen die zonder vooringenomenheid de vragenlijst bekijkt waarmee Willems voor de dag is gekomen, moet wel zeggen: dit is een realisatie waar ook nu, na bijna anderhalve eeuw ernstig onderzoek op het gebied van de Nederlandse dialecten, nauwelijks iemand verbeteringen aan zou kunnen brengen.

4 GOOSSENS 1989.

Wat is er al met het materiaal-Willems gedaan en waar kan het nog voor dienen?

Archieven zijn er om getuigenissen van het verleden te bewaren, maar natuurlijk ook om die dingen zo goed mogelijk ter beschikking te stellen van mensen – vooral maar niet noodzakelijk uitsluitend van wetenschappers – die uit zulke verzamelingen iets te weten willen komen. Een belangrijke vraag luidt dan ook: wat heeft deze immense materiaalverzameling uit het laatste kwart van de negentiende eeuw aan het taalkundig onderzoek bijgedragen? En onmiddellijk daarbij aansluitend: wat kan het in de toekomst nog bijdragen?

Wat de eerste vraag betreft: Pieter Willems had, zoals boven gezegd, een boek over de taal van de Franken (met name de Salische Franken) op het oog. Hij heeft dan ook, na het beëindigen van de enquête, een (waarschijnlijk groot) deel van zijn laatste levensjaren besteed aan de ordening van de gegevens in 'tableaus'. Dat waren geografisch samenhangende clusters van verwante dialecten. Tot een zelfs maar gedeeltelijke afsluiting van dit indelingswerk is hij al niet meer geraakt. De met de hand geschreven *tableaus* (naast elkaar staande kolommen van woorden en vormen) zijn enkele jaren na zijn dood tezamen met de enquêteschriftjes in het archief van de KANTL in Gent terechtgekomen, en berusten daar nog steeds.

Op de vraag wat er dan verder met het materiaal gepresteerd is, is in het tweede themanummer van het tijdschrift *Taal en Tongval* in 1989 een omstandig antwoord gekomen van de belangrijkste toen nog levende Nederlandse gebruiker van het materiaal: Toon Weijnen, hoogleraar taalkunde en dialectologie aan wat toen nog de Katholieke Universiteit Nijmegen heette (ondertussen is dat veranderd in Radboud Universiteit). Dat is een heel lezenswaardige tekst, waar ik hier alleen uit aanhaal dat Weijnen z'n voorgangers in de dialectgeografie, Van Ginneken en Peters, er in de jaren 1930 al in geslaagd zijn om op basis van het materiaal-Willems merkwaardig accurate verspreidingskaarten van fonologische en morfologische verschijnselen te tekenen. Die heel vroege taalkaarten zijn bijna allemaal gepubliceerd in het toen toonaangevende tijdschrift over dialectologie *Onze Taaltuin*.

Maar ondanks die relatieve successen blijft het duidelijk dat voor de hedendaagse dialectgeografie (dat is de studie van de verspreiding van taalverschijnselen) het materiaal-Willems ten hoogste complementair kan zijn. De gegevens kunnen aanvullende informatie bezorgen bij andere materiaalverzamelingen, dat is zeker. Het materiaal kan ook een bescheiden historische dimensie toevoegen. Maar voor zelfstandig gebruik is het meestal te fragmentair. Bovendien is voor de meeste gebieden de essentieel geachte voorwaarde om naderhand ter plaatse te gaan controleren inmiddels vervallen: in Nederland is het dialectgebruik in de meeste gebieden tot een vrij onbetekenende rest gereduceerd. In België zijn de nu nog gesproken dialecten meestal sterk beïnvloed door de tussentaal. De jongere generaties zijn naar een veel minder lokaal bepaald regiolect of een streektaal overgestapt. En zelfs de ouderen zijn in de meeste gebieden niet echt dialectvast meer. In Noord-Frankrijk zijn de dialecten in de meeste lokaliteiten zelfs al verdwenen en verder beperkt geraakt tot het geheugen van lieden die langzamerhand stokoud genoemd mogen worden.

Vooral Leuvense dialectologen zoals Lodewijk Grootaers, Jan-Lodewijk Pauwels, in mindere mate ook Jan Goossens, hebben heel zwaar getild aan dit soort bezwaren. Het gevolg is geweest dat het materiaal, dat toch in aanzienlijke mate het taallandschap in België en Frans-Vlaanderen in kaart had kunnen brengen, bijna uitsluitend in Nederland (vooral aan de Nijmeegse universiteit) gebruikt is. Voor een ronduit schitterend overzicht van dat Nijmeegse onderzoek verwijs ik naar het reeds genoemde artikel van Weijnen[5].

5 WEIJNEN 1992.

Een materiaalverzameling met toekomst?

Een uiterst belangrijke vraag is ten slotte of de rol van onze oudste systematische dialectverzameling daarmee helemaal uitgespeeld is. Mijn antwoord daarop is: zeker niet. Het moet immers gezegd worden, en dat is meer dan een klein complimentje, dat Pieter Willems reeds oog had voor het hele gamma van taalverschijnselen dat in de hedendaagse linguïstiek een rol is gaan spelen. Hij heeft een vragenlijst opgesteld die ook nu nog in heel veel opzichten exemplarisch zou kunnen zijn voor wie met taalvariatie in de zuidelijke Nederlanden aan de slag wil gaan. Wat uiteraard niet betekent dat de enquête voor elke taalcomponent (het lexicale, de fonologische, de morfologische en de syntactische component) ook even goed bruikbaar is. Wat kan de linguïst van de eenentwintigste eeuw nog met het materiaal doen, nu het vrijwel uitgesloten is om nog bijkomende informatie over de beschreven dialecten te verwerven? Wat dat laatste betreft moeten wij trouwens niet flauw doen: er zijn in de loop van de vorige eeuw, toen de dialecten nog wel springlevend waren, ook nog enorm veel gegevens verzameld. Die zijn wel als vergelijkingsbasis voor het materiaal-Willems ter beschikking. Voor een overzicht verwijs ik graag naar het overzichtsartikel over de geschiedenis van de Nederlandse dialectstudie van Jan Goossens en Jacques Van Keymeulen[6]. Voor de bespreking van wat voor verschillende taalcomponenten van het materiaal-Willems verwacht mag worden, verwijs ik naar de expliciete studies opgenomen in *Themanummer 2* van *Taal en Tongval*[7]. Op basis van hoe collega's daar erover geoordeeld hebben komt ik tot volgend oordeel. Voor de kennis van de woordenschat is het materiaal niet zoveel waard: het kan ten hoogste in heel bepaalde niches ter aanvulling van andere, meestal betrouwbaarder gegevens dienst doen. Voor de kennis van de klankleer wordt het al een stukje beter, al speelt hier de zin voor nauwkeurigheid van de individuele invullers een alles bepalende rol: fonetische verschijnselen zijn voor leken moeilijk te vatten, en dikwijls nog moeilijker in schrift weer te geven. Voor de vormleer komen wij een flink eind verder: verschillen tussen enkelvoud en meervoud. b.v. worden door heel duidelijke uitgangen weergegeven, en die zijn ook gemakkelijk in geschreven vorm weer te geven. Wat tenslotte de syntactische verschijnselen betreft, mag de grote dichtheid van het net van hiervoor ingevulde enquêteschriftjes zeker als een pluspunt gelden. Daardoor leveren de al bij al beperkte items die Willems voor deze taalcomponent opnam toch een relatief grote zeggingskracht op.

6 GOOSENS & VAN KEYMEULEN 2006.

7 GOOSSENS 1989.

8. De externe geschiedenis van het materiaal-Willems bij de KANTL

Willy Vandeweghe

> *"Luik, 21 October, 1908.*
>
> *Zeer geachte Heer, Over eenige dagen, heb ik de materialen van het werk van mynen vader, in twee kassen, te Gent gestuurd.*
>
> *Ik hoop dat de twee kassen goed aangekomen zyn en dat gy de verschillige stukken die in de inhoudstafel gemeld zyn gevonden hebt. – Gaarne zou ik daar van bevestiging bekomen*"[1].

Met deze brief uit het archief van de Academie eindigt een korte correspondentie tussen Jos. Willems, zoon van de overleden Pieter Willems, en de toenmalige secretaris van de Academie, Edward Gaillard (1841-1922). In maart van dat jaar was deze briefwissel begonnen met het aanbod van de zoon om zowel het enquêtemateriaal als de voorlopige bewerking daarvan door Willems zelf, aan de Academie te schenken. De bedoeling van deze schenking was dat het materiaal ter beschikking van de wetenschap zou komen. De enige 'voorwaarde' die Jos. Willems in een brief van 22 maart 1908 stelde, luidde): "Wat ik verlangen zou van die personen is dat, indien zy aan het werk iets leenen, zy myn vader in hun eigen werk zouden aanhalen."

Vanaf dat ogenblik was de Academie een belangrijke collectie rijker: de antwoordschriftjes op de enquête van Pieter Willems samen met de 'taferelen'. Die laatste zijn de door Willems eigenhandig vervaardigde tabellarische overzichten, die neerkomen op een indeling van de behandelde dialecten in 13 dialectregio's. De schriftjes bevatten de antwoorden op de enquête die Pieter Willems in 1885-'86 naar zijn talrijke contactpersonen heeft uitgestuurd; in de pionierstijd dus van de dialectologie.

Toen in 1886 de *Koninklijke Vlaamsche Academie voor Taal- en Letterkunde* werd opgericht, was Pieter Willems, classicus en hoogleraar te Leuven, een van de eerste door de regering aangestelde leden, en meteen ook de eerste voorzitter. Hij was toen al een tijdlang met zijn grote

1 KANTL – archief stuk nr. 429.

enquête bezig, volgens het systeem van de '*Fragebogen*' zoals ze door de Duitse dialectoloog Wenker gebruikt werden. Willems' enquête betrof het grootste deel van het Nederlandse en een klein deel van het Duitse taalgebied, waarmee hij het hele gebied van de Salische Franken wilde bestrijken.

Vermoedelijk is Willems alleen al met de voorbereiding van zijn vragenlijst jaren bezig geweest. De reeksen woorden en vormen die hij opvraagt, leveren een vrijwel volledig en vooral coherent beeld op van de hele klank- en vormleer van de Nederfrankische dialecten. Bovendien omvat de enquête dan nog een staalkaart van syntactische verschijnselen, die deel per deel karakteristiek genoemd mogen worden voor alle diverse gewesten van het onderzochte gebied. En dat alles op een ogenblik dat de syntaxisstudie nog nergens stond.

Zoals de toenmalige vast secretaris van de Academie aan de zoon van Willems had beloofd, zijn de stukken nadien op verschillende momenten ter beschikking gesteld van belangstellende onderzoekers. Omdat het papieren materiaal uiteraard broos is, en er in de loop van de tijd een paar lacunes ontstonden, werd in de tweede helft van de twintigste eeuw beslist om de enquêteschriftjes via de toen 'moderne' technologische hulpmiddelen – microfiches – ter beschikking te stellen van het belangstellende publiek. Niet alleen konden meer mensen ze dan consulteren, maar bovendien konden vanaf dan de originelen relatief veilig in hun zuurvrije mappen blijven. Begin deze eeuw is weer een volgende stap gezet naar een nog bredere beschikbaarstelling, via de digitale technologie die intussen tot ontwikkeling was gekomen.

Deze bijdrage gaat over het lot van de collectie-Willems tijdens haar 'Academie-bestaan'. De belangrijkste bronnen hiervoor zijn enerzijds het artikel van Har Brok in het themanummer van *Taal & Tongval* dat in 1989 gewijd werd aan 'Honderd jaar enquête Willems'[2] en anderzijds de 'Inleiding' die Georges de Schutter in 2010 schreef voor de onlineversie van het materiaal op de website van de KANTL[3].

Omzwervingen voor wetenschappelijk onderzoek

De eerste die, na de initiatiefnemer zelf, voor wetenschappelijk werk op grote schaal gebruik gemaakt heeft van de materiaalverzameling Willems, was de Nijmeegse neerlandicus en dialectoloog Jacques van Ginneken. Die heeft vanaf het begin van de vorige eeuw voor zijn in veel opzichten baanbrekend dialectologisch werk voor het zuiden van Nederland in sterke mate, voor Frans-Vlaanderen en Noord-België bijna uitsluitend, geput uit het materiaal van Willems. Hij heeft het originele materiaal gedurende meer dan twee decennia, van 1911 tot 1934, in Nijmegen ter beschikking gehad. Daarna zijn ook Willems z'n eigen bewerking van het materiaal, de taferelen dus, nog bijna de hele tijd tot aan Van Ginnekens dood in 1945 in Nijmegen geweest. Van Ginneken heeft ze gebruikt voor het publiceren van tientallen dialectkaarten tussen 1932 en 1941. Brok schrijft hierover:

> "*Op grond van de mededeling hierover in het* Jaarboek *van 1909 meldt zich als eerste de later Nijmeegse hoogleraar Jac. van Ginneken met een verzoek "om inzage van de nagelaten papieren van Prof. Willems" (VMKVA 1911, 301-302). In zijn brief van 3 mei 1911 (arch. KANTL) beargumenteert hij dit verzoek als volgt: "Er heeft zich namelijk hier een komité gekonstitueerd, om gaandeweg een Nederlandschen taalatlas à la Giliéron (sic HB) te ontwerpen*"[4].

De dialectkaarten van Van Ginneken zijn inderdaad mee bepalend geweest voor de start van de grote onderneming van G.G. Kloeke, de *Taalatlas van Noord- en Zuid-Nederland*. Ook voor die grote onderneming is, vooral in de eerste afleveringen, voor het

2 BROK 1989.

3 Cf. http://corpora.ctb.kantl.be/CPWNL/#inleiding

4 BROK 1989, pp. 55-56.

hele zuiden van het taalgebied uitvoerig geput uit het materiaal-Willems.

Van Ginneken maakte gebruik van het materiaal tot 1 januari 1934. Lang genoeg om het, na die volle twee decennia, langzaamaan als zijn rechtmatige eigendom te beschouwen. Weerom Brok hierover:

> *"De terugzending had overigens nogal wat voeten in aarde omdat Van Ginneken aanvankelijk van mening was dat het materiaal hem via de Academie geschonken was. Nog één keer gingen de "tabellen van Willems" en enkele antwoordschriften daarna naar Nijmegen: van 24 sept. 1935 tot 29 sept. 1947, toen ze na zijn dood in 1945 door bemiddeling van Grootaers aan de Academie werden terugbezorgd"*[5].

Leo Grootaers, hoogleraar aan de Katholieke Universiteit te Leuven, was de volgende wetenschapper die met het materiaal-Willems heeft gewerkt. Hij was wel minder onder de indruk van de waarde van de verzameling. Volgens Weijnen komt de kritiek van Grootaers hierop neer: wie zich op de gegevens van het materiaal-Willems beroept moet erop bedacht zijn dat hij in "dilettantisch drijfzand" terecht dreigt te komen[6]. Ook de vroegere vast secretaris van de Academie, Leo Goemans, had ernstige kritiek op de gegevens van Willems. Het belette hem niet om voor zijn *Leuvensch Taaleigen* gebruik te maken van de twee schriftjes uit Leuven, en wellicht nog een aantal andere van in de buurt. Bij Goemans begint trouwens de 'Rechtvaardige Rechters'-variant van het Willems-verhaal. Sinds de doortocht bij Goemans zijn de Leuvense en enkele andere schriftjes niet meer in de verzameling van de Academie gesignaleerd. Intussen heeft de vondst van Marika Ceunen en Rob Belemans in 2013 hier echter (meer dan) een tipje van de sluier opgelicht ...

Onder de andere 20e-eeuwse gebruikers van het materiaal-Willems kunnen we Van Ginnekens medewerkers aan de Katholieke Universiteit Nijmegen noemen (o.a. P. Peters). Vooral ook voor zijn opvolger A.A. Weijnen, die in de dialectologie van Nederland en Vlaanderen in de tweede helft van de vorige eeuw een dominante factor geweest is, geldt dat. Waarschijnlijk heeft Weijnen er ook toe bijgedragen dat de enquête een belangrijke bron is geworden voor de drie grote woordenboekprojecten van de zuidelijke Nederlandse dialecten, waarvan hij samen met zijn Gentse collega W. Pée de grondlegger was: het Woordenboek van de Brabantse, van de Limburgse en van de Vlaamse Dialecten (WBD, WLD en WVD). Ook de latere generatie van dialectologen in Vlaanderen: Vanacker, Goossens, Taeldeman, De Schutter en Devos hebben met het materiaal van Willems gewerkt.

De zoektocht naar het verdwenen materiaal

Willems zelf heeft de aan hem terugbezorgde schriftjes kennelijk alfabetisch op de naam van de behandelde plaats geordend (uiteraard volgens de toenmalige spelling van die gemeentenamen) en ze dan een volgnummer gegeven. Volgens die nummering zijn er 349 antwoorden op zijn enquête binnengekomen. Een achttal daarvan is later helaas verloren gegaan. Brok schrijft hierover:

> *"Andere ontbrekende stukken zijn de antwoordschriften genummerd 23, 42, 43, 51 en 182. De nrs. 42 en 43, beide ingevuld voor Brussel, waren in 1934 nog aanwezig, nr. 182 (Mechelen) was toen al zoek (gedeeltelijke inventarisatielijst arch. KANTL 27 nov. 1934). Nr. 51 (alf. tussen Contich en Cortemarck) staat in die lijst voor Bierne, dat later het nummer 31 kreeg. In een later door Pauwels opgestelde lijst van plaatsen (brief 25-1-1967 PJMI) is sprake van drie onvindbare antwoordschriften voor Brussel, wat dus niet juist is. Over het ontbrekende nr. 23 (alf. tussen Beek en Beeringen) is verder niets bekend"*[7].

Hoe dat is kunnen gebeuren, is op dit ogenblik nog steeds een kwestie van speculatie. Het boekje voor

5 BROK 1989, p. 56.

6 WEIJNEN 1989, pp. 22-24.

7 BROK 1989, p. 56 voetnoot 3.

Mechelen is blijkbaar al in een heel vroeg stadium zoek geraakt. Van Ginneken is meer dan eens met de beschuldigende vinger aangewezen, meer dan waarschijnlijk ten onrechte. De Schutter zegt in zijn inleiding op de KANTL-website hierover:

> "*Veel waarschijnlijker is het dat Leo Goemans, in de jaren dertig en tot na de oorlog vast secretaris van de Koninklijke Vlaamsche Academie (van 1923 tot 1955), de schriftjes mee naar huis of naar zijn werkplaats heeft genomen, en dat ze later, tijdens de ziekte of na de dood van Goemans, het droeve lot gedeeld hebben van een flink deel van het administratieve archief van de Academie.*"

Met die laatste zin bedoelt De Schutter dat heel veel documenten uit de periode van de Tweede Wereldoorlog (en zijn nasleep) nooit van bij Goemans terug in het gebouw van de Academie geraakt zijn.

Navraag bij een aantal archieven, o.a. al kort na de dood van Goemans door Ger Schmook, en omstreeks 2009 nog eens door KANTL-medewerker Jef Mertens (in opdracht van De Schutter die toen verantwoordelijk was voor de wetenschappelijke KANTL-werking), heeft geen resultaat opgeleverd. Mertens heeft archieven aangeschreven en onder andere ook met de nog levende zoon van Goemans (in Frankrijk) gecorrespondeerd. In een persoonlijke mededeling zegt De Schutter dat die laatste aan Mertens verklaard heeft dat hij na de dood van zijn vader geen enkel stuk uit diens persoonlijke en wetenschappelijke nalatenschap gevraagd of gekregen heeft. Hij wist naar eigen zeggen bovendien helemaal niet wat er met die papieren gebeurd is. Op basis van de context bij de recente Leuvense archiefvondst kunnen we intussen vermoeden hoe dat komt: een welwillende vriend of bekende van Goemans moet zich erover ontfermd hebben. In dit verband is zeker ook van belang wat De Schutter in 2010, dus *in tempore non suspecto*, al geschreven heeft:

> "*Het feit dat Goemans zelf in een brief aan Van Ginneken van 24 september 1934 zegt dat hij het Brabantse materiaal aan het bewerken is (met name waarschijnlijk voor zijn boek* Leuvensch taaleigen, *waarvan in 1936 het eerste deel verscheen), en dat bij de zoekgeraakte schriftjes de twee inzendingen voor Leuven zijn, is een bijzonder sterke indicatie in die richting.*"

De Schutter verwijst daarbij overigens naar het artikel van Brok, die in 1989 met kracht van argumenten het denkspoor van Goemans als onvrijwillige dader reeds als mogelijkheid had aangeduid:

> "*In 1936 verscheen het eerste deel van L. Goemans'* Leuvensch Taaleigen. Woordenboek *en het is mogelijk dat hij daarvoor dit materiaal ingezien heeft. Niet onwaarschijnlijk ook, omdat ook enkele andere ontbrekende stukken in de nalatenschap van Willems onmiskenbaar wijzen op het Zuid-Brabantse Leuven en omstreken en sterk doen vermoeden dat een deel van de nalatenschap Willems via Goemans is zoekgeraakt en mogelijk berust in diens nalatenschap. Ik doel hier op de ontbrekende groep IV van de* Klankleer en vormleer *en de ontbrekende antwoordschriften nr. 166 en 167 die beide betrekking hebben op Leuven en zeker in 1943 nog bij Goemans berustten*"[8].

Dat het in de Academie zelf niet altijd evident was om stukken uit het archief terug te vinden, blijkt uit de latere contacten van Brok met toenmalig vast secretaris Marcel Hoebeke. Brok had uit de studie van de nalatenschap van Van Ginneken het in 1977 door Jan Goossens gesuggereerde Van Ginnekenspoor kunnen verlaten. Zijn speurtocht richtte zich nu op de Willems-schriftjes en de tabellen of 'tafereelen'. Die laatste zijn toen op de Academie zelf boven water gekomen, nadat Brok in 1978 M. Hoebeke, de toenmalige vast secretaris van de Academie, gevraagd had een nieuwe zoekactie te ondernemen,

> "*waarna hij me drie weken later verheugd kon melden dat de tabellen zich inderdaad toch nog in de Academie bevonden. De nalatenschap van Willems bleek daar in de loop der jaren "over verschillende plaatsen verspreid" te zijn geraakt. Wellicht is dus de hoop nog gerechtvaardigd dat ook enkele nu nog ontbrekende stukken ooit opgespoord zullen worden*"[9].

---

8 BROK 1989, p. 56.

9 BROK 1989, p. 57.

Via de weg van de serendipiteit is alvast een eerste stap daarvoor gezet in het Leuvense stadsarchief.

Stappen in de verbetering van de beschikbaarheid

In 1976 zijn in het Meertens Instituut foto's van Willems' enquêteboekjes gemaakt, of althans van de dubbele bladzijden die geheel of gedeeltelijk ingevuld zijn. (Als er, behalve de strips van de enquête zelf, helemaal niets op de dubbele pagina te zien was, werd dat beeld overgeslagen.) Die foto's zijn per boekje op een microfiche verzameld en van die sets zijn vervolgens zes kopieën gemaakt. Die zijn ter beschikking gesteld aan respectievelijk het Meertens Instituut en de Universiteit van Nijmegen in Nederland,- en aan de universiteiten van Brussel (VUB), Gent en Leuven in België. Ten slotte is er het (goed bewaarde) exemplaar van de KANTL, waarvan De Schutter gebruik heeft gemaakt voor de voorbereiding van de recente gedigitaliseerde presentatie. In het begin van deze eeuw was het immers evident geworden dat dit type materiaal alleen maar zinvol te presenteren was als het dan ook via het internet te raadplegen zou zijn.

Met dat doel is programmatuur ontwikkeld die het mogelijk maakt om woorden, vormen of hele woordgroepen (zelfs zinnetjes) op te roepen in elk willekeurig dialect waarvoor het materiaal-Willems gegevens bevat. Dit is nog maar de eerste fase van een veel omvattender project. De uiteindelijke doelstelling is dat al die vormen uit specifieke dialecten ook onmiddellijk met elkaar geconfronteerd kunnen worden. Maar dat is (hopelijk niet al te verre) toekomstmuziek. De online versie van dit eerste deelproject is op de website van de KANTL te raadplegen[10].

Voor deze online publicatie heeft de KANTL het hele materiaal, dat al in 1976 via microfiches toegankelijk was, door een gespecialiseerde firma laten digitaliseren. Computerlinguïst Ron Van den Branden heeft onder leiding van Georges de Schutter alle enquêtes uit Nederland, België en Frankrijk klaargemaakt om via het web ter beschikking gesteld te kunnen worden. Hij heeft ook de nodige software hiervoor geschreven.

In 2010 liep, aldus De Schutter:

> "*de eerste fase van het KANTL-project [af] dat uiteindelijk moet uitmonden in de volledige digitale beschikbaarheid van de 'reguliere' informatie in de enquêteschriftjes, d.w.z. van alle volledig of partieel ingevulde bladen met de door Willems gevraagde informatie, inclusief de gegevens over de proefpersonen en de daarbij gemaakte opmerkingen van zowel enquêteur als informant. ... De bedoeling is dat ook die informatie, die wel op de microfiches aanwezig is, uiteindelijk in een aangepaste vorm ter beschikking komt*".

Een webapplicatie werd ontwikkeld die gebruikers een interactieve omgeving biedt om de schriftjes te doorzoeken op:

- lemma(ta): zowel op integrale lemmata als op woorden of woorddelen die voorkomen in de oorspronkelijke enquête kan gezocht worden, zowel alfabetisch (woord(del)en die *beginnen* met de opgegeven zoekterm) als retrograde (woord(del) en die *eindigen* op de opgegeven zoekterm)
- naam van de plaats waarvoor de ingevulde enquête geldt: zowel op de zogenaamde Kloeke-codes – die op de dialectologische grondkaart gebruikt worden – als op plaatsnaam kan worden gezocht.

Wat hier verder aangegeven wordt, aldus nog steeds De Schutter:

> "*Op basis van beide zoekcriteria worden zoekresultaten aangeboden als een lijst met verwijzingen naar de scans van de relevante pagina's in de geselecteerde schriftjes. Zoekresultaten kunnen worden geordend volgens plaatsnaam, Kloeke-code, of lemma. De scans kunnen worden vergroot en verkleind voor gedetailleerde visuele studie van de antwoorden van de respondenten van de enquête.*"

Tijdens de doortocht op het Meertens-Instituut heeft men op de microfiches de bij dialectologen in

10 Cf. http://corpora.ctb.kantl.be/CPWNL/

Nederland en België welbekende Kloeke-codes aangebracht. Die geven een ondubbelzinnige identificatie aan de (deel)gemeenten in het door de Kloeke-dialectkaart bestreken gebied. Dat is het verspreidingsgebied van de Nederlandse dialecten, maar ook een (heel beperkt) stukje Duitstalig gebied. De online-presentatie op de KANTL-website is (voorlopig?) beperkt tot de enquêtes voor plaatsen in Nederland, België en Frankrijk.

Achteraf is gebleken dat er met die Kloeke-codes toch wel eens iets mis is gegaan. Zo is er in Belgisch Limburg een plaats genaamd Rekem. In de door De Schutter klaargemaakte online editie van het Willems-corpus kwam die niet voor. Pas recent is gebleken dat dat niet terecht was. Toen Marijke De Wit, KANTL-medewerkster van wie de dochter in Rekem woont, merkte dat het schriftje met nummer 230 over een lokaliteit ging die 'Reckheim' genoemd werd, vroeg zij zich af of het wel degelijk om het Duitse 'Reckheim' ging. Want aan die plaats was het online materiaal van dit schriftje toegewezen. De algemene gegevens bij het schriftje geven echter ondubbelzinnig aan dat het om de Limburgse plaats Rekem (nu Oud-Rekem) moet gaan. Er wordt immers bij elk schriftje gevraagd aan te geven waar het betreffende dialect nog gesproken wordt. De invuller, Michaël Thoné, Student in de Medicijnen, geboren in "Reckheim", gaf in zijn antwoord van 1859 als naburige plaatsen op: "Boven- en Daal Wezeth (gehuchten van Reckheim), Uyckhoven en Daal-Uyckhoven. Boorsheim et Cotheim (gehucht). Opgrimbij. Neerhaeren. Mechelen en Genhuit (gehucht). Eysden en Vucht."

Deze omliggende gemeenten en gehuchten zijn inderdaad die van het Limburgs Maaslandse Oud-Rekem.

Het materiaal-Willems heeft sinds de schenking ervan aan de KANTL in 1908 heel wat omzwervingen doorgemaakt. Aan de beschikbaarstelling is veel gebeurd, tot groot profijt van de dialectwetenschap. Dat er onderweg al eens iets verloren ging, is uiteraard te betreuren. Dat er echter af en toe ook een verloren stuk weer opduikt, zoals met het Leuvense schriftje nummer 116 onlangs is gebeurd, geeft de dialectoloog en de archivaris een zeer goed gevoel. De KANTL prijst zich gelukkig met de vondst van het Leuvens stadsarchief en dankt de stad Leuven dat ze het teruggevonden stuk aan de KANTL terugbezorgd heeft. Nu kan het daar op de enige logische plaats de collectie weer vervolledigen.

9. Het Maastricht cahier uit de dialectenquête Willems[1]

Flor Aarts

In 1873 maakte Pieter Willems een Maastrichtse vertaling van de Parabel van de Verloren Zoon. Die vertaling werd, met inleiding en aantekeningen, in 1874 door Johan Winkler opgenomen in zijn *Algemeen Nederduitsch en Friesch Dialecticon*. Van een enquête over het Maastrichts is dan nog geen sprake. Het zou nog 12 jaar duren voordat Willems in 1885 zijn grote 'Nederfrankische' enquête opzette. Die werd in de vorm van een cahier (of schriftje) met vragen aan de respondenten toegestuurd. In Nederlands- Limburg gingen cahiers naar o.a. Beek, Sittard, Oirsbeek, Maastricht, Valkenburg, Heerlen, Simpelveld, Eijsden, Gulpen, Epen en Vaals.

Het Maastricht cahier en zijn invuller: Theodoor Stille

Op pagina 1 van het Maastricht cahier staat de volgende aantekening: "Dialect van Maastricht, bewerkt door Theodoor Stille, geboren te Maastricht den 1sten Mei 1864". Stille was in 1883 onderwijzer in Meerssen. Van 1884 tot 1888 studeerde hij aan de faculteit Wijsbegeerte en Letteren van de universiteit van Leuven. Later werd hij leraar in Veendam en Utrecht. Stille overleed op 21 februari 1922 in Bilthoven.

De Willems-enquête heeft hij ingevuld in 1885, toen hij 21 was. Dat blijkt uit een andere aantekening op pagina 1: "Besteld 7 juli 85, Terugontvangen 25 nov. 85".

De respondenten die de 31 opgaven van deze enquête volledig invulden, retourneerden een lijst van meer dan 15.000 items. Het zal duidelijk zijn dat het hier om een ontzagwekkende hoeveelheid data ging. Het hoeft geen verwondering te wekken dat er dan ook nogal wat respondenten waren die hun cahier onvolledig ingevuld terugstuurden.

Dat Stille het Maastricht cahier vrijwel volledig en zeer consciëntieus heeft ingevuld, kan te maken hebben met het feit dat hij in 1885 in Leuven studeerde en waarschijnlijk nauwe contacten met Pieter Willems onderhield. Ik heb hem slechts op drie (onoplettendheids)fouten kunnen betrappen: hij schrijft *en perfesser* in plaats van *ene perfesser*, noemt *pense* in plaats

1 Bij het schrijven van dit artikel heb ik dankbaar gebruik gemaakt van informatie verstrekt door Régis de la Haye, Rob Belemans, Henk Boersma en Guus Stille.

Afb. 46 – Portret van Theodoor Stille, de Maastrichter invuller van de dialectenquête Willems. (Familiearchief prof. dr. Guus Stille)

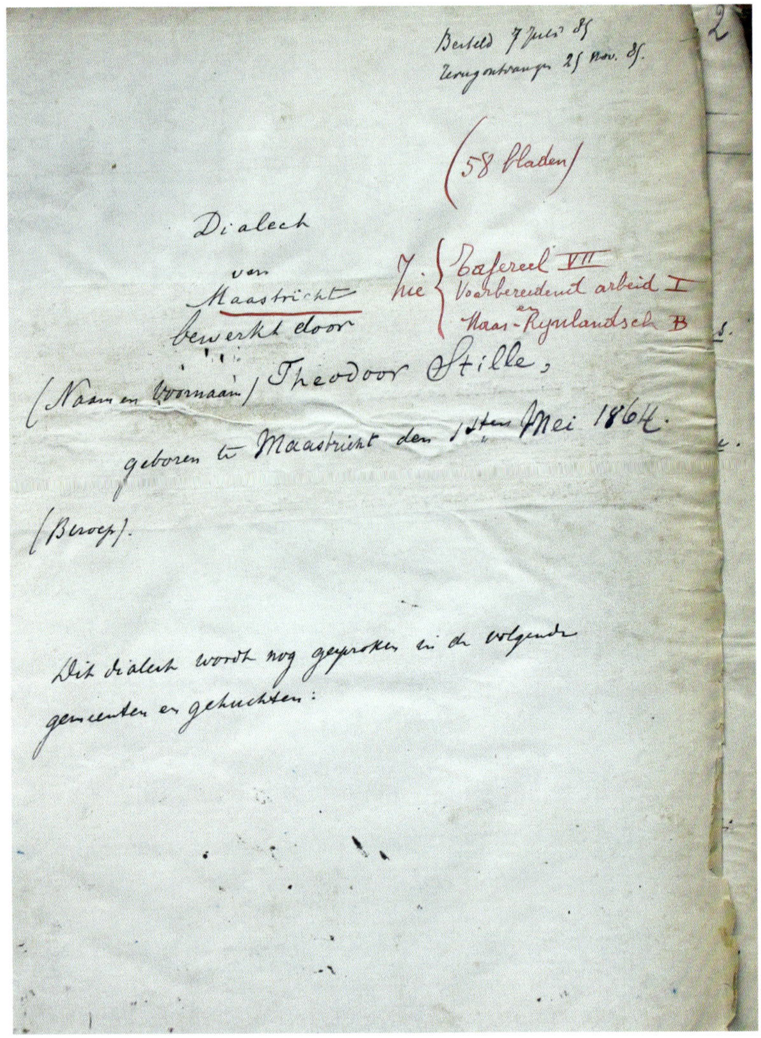
2

Besteld 7 Juli 85
Terug ontvangen 25 Nov. 85.

(58 bladen)

Dialect
van
Maastricht
bewerkt door

7. zie { Tafereel VII
Voorbereidend arbeid I
en Maas-Rijnlandsch B

(Naam en Voornaam) Theodoor Stille,

geboren te Maastricht den 1sten Mei 1864.

(Beroep).

Dit dialect wordt nog gesproken in de volgende gemeenten en gehuchten:

Afb. 47 – Titelpagina van het door Theodoor Stille ingevulde enquêteschriftje voor het Maastrichtse dialect. (KANTL – foto: R. Belemans)

van *penske* als verkleinwoord van *pans* en schrijft *meumelke* in plaats van *meubelke.*

Stille wordt een paar keer genoemd door Joseph Endepols In zijn *Woordenboek of Diksjenaer van 't Mestreechs*. Endepols spreekt van "een oude verzameling van de Maastrichtenaar Th. Stille" en van "de lijst van Stille uit 1885", maar zegt niet dat het hier om een enquête gaat die door Willems werd georganiseerd. Wel merkt hij op dat Stille zich een enkele maal vergist, bijvoorbeeld wanneer hij zegt dat het Maastrichts geen equivalent heeft voor het woord *jeugd*[2].

Het Maastricht cahier bestaat uit 58 pagina's, die alleen aan de recto zijde zijn genummerd. In het cahier zijn door Willems zelf (meestal op de linker pagina) stroken met instructies geplakt in het Standaardnederlands. Na pagina 8 volgt in het Maastricht cahier een ongenummerde pagina, terwijl paginanummer 47 ontbreekt (zonder hiaat).

Stille verdient niets dan lof voor de manier waarop hij zich van zijn taak heeft gekweten. Het is aan hem te danken dat het Maastricht cahier tot de interessantste bronnen behoort die de enquête heeft opgeleverd. Dank zij hem beschikken we thans

2 ENDEPOLS 1955, p. xxi.

over een schat aan gegevens over het Maastrichts van de tweede helft van de 19^e^ eeuw. Deze gegevens maken het mogelijk om twee stadia in de geschiedenis van het Maastrichts met elkaar te vergelijken: het Maastrichts anno 1885 en het Maastrichts dat heden ten dage in de stad wordt gesproken.

Het Maastrichts van 1885 in vergelijking met vandaag

In de geschiedenis van een dialect is een periode van 130 jaar relatief kort. Radicale veranderingen in het regelsysteem mogen we dan ook niet verwachten bij een vergelijking van het Maastrichts dat Stille in 1885 optekende en de taal van de hedendaagse Maastrichtenaar. Toch is het interessant om eens te kijken of er veranderingen hebben plaatsgevonden en, zo ja, op welk niveau. In wat volgt zal ik mij beperken tot voorbeelden op het morfologisch niveau.

1. De meervoudsvorming van zelfstandige naamwoorden

Een analyse van de door Stille geleverde data over de meervoudsvorming van zelfstandige naamwoorden laat zien dat het Maastrichts in zijn tijd een zeer complex systeem van regels had. Stille geeft de volgende mogelijkheden (ik hou zijn spelling aan):

1.1. Het meervoud wordt gevormd door middel van de uitgang *-e*:

taofel > *taofele; appel* > *appele; maond* > *maonde; land* > *lande* (tegenwoordig *len*).

Dit kan gepaard gaan met een verandering van de klinker of tweeklank:

spang > *spaange; begijn* > *begiene; wien* > *wijne*

Interessant is dat een aantal woorden die in het Standaardnederlands een *-s* hebben hier een meervoud op *-e* krijgen:

spiegel > *spiegele; koppel* > *koppele*
beurstel > *beurstele; duvel* > *duvele*

Stille geeft twee mogelijkheden bij:

meubel > *meubele, meubels; sleutel* > *sleutele, sleutels*
wortel > *wortele, wortels; kogel* > *kogele, kogels*

1.2. Het meervoud wordt gevormd door middel van de uitgang *-s*:

humme > *hummes; leuge* > *leuges; niche* > *niches*

Een verandering in de klinker vinden we, bijvoorbeeld, in:

broor > *breurs; zoon* > *zeuns; pestoer* > *pestuurs*

Ook hier geeft Stille vaak twee mogelijkheden:

ezel > *ezels, ezele; ketel* > *ketels, ketele; lepel* > *lepels, lepele.*

1.3. Het meervoud wordt gevormd door middel van de uitgang *-er*:

ei > *eier; look* > *loker; mets* > *metser; hoes* > *hoezer*
maan > *maander* ('mannen') wordt thans niet meer gebruikt.

Twee mogelijkheden vinden we o.a. in:

kot > *kotter, kotte; naes* > *naester, naeste;*
paleis > *paleizer, paleize.*

1.4. Het meervoud wordt gevormd via toonoppositie

In een klein aantal woorden wordt het onderscheid tussen enkelvoud en meervoud niet gemaakt door middel van een uitgang, maar door verandering van toon. Het enkelvoud heeft sleeptoon, het meervoud stoottoon:

stein > *stein; bein* > *bein; berg* > *berg*

Stille geeft twee mogelijkheden bij:

pin > *pin, pinne; zin* > *zin, zinne.*

1.5. Het meervoud wordt gevormd via toonverandering (Umlautwerking)

Het meervoud wordt in een groot aantal woorden gevormd door een verandering van de klinker of tweeklank:

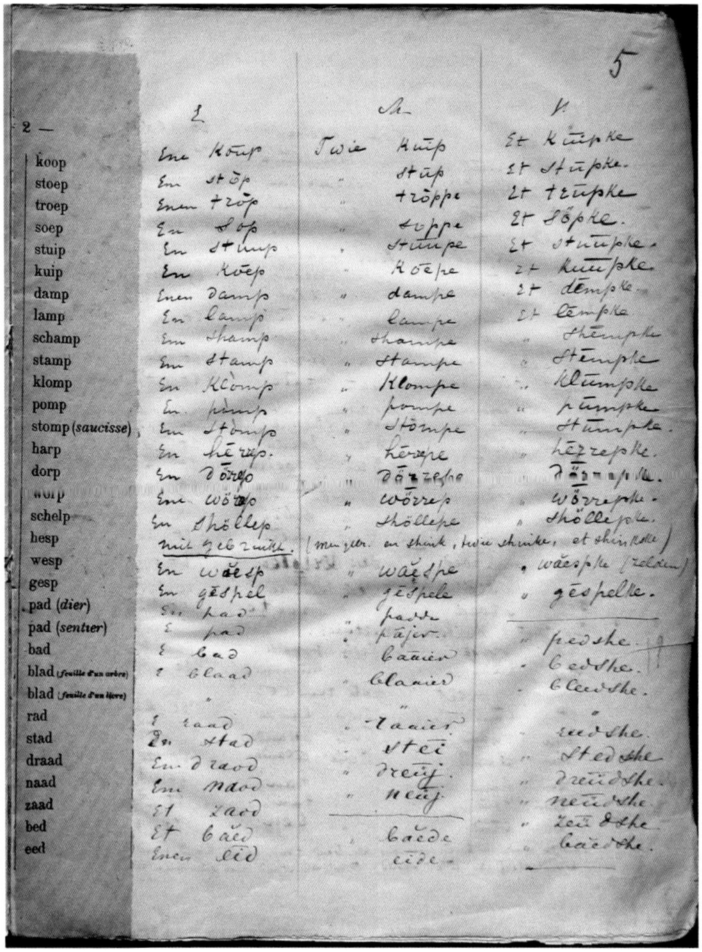

Afb. 48 – Bladzijde uit de reeks zelfstandige naamwoorden met meervoud en verkleinvorm uit de Willemsenquête, ingevuld door Th. Stille. (KANTL – foto: R. Belemans)

dochter > döchter; knoup > knuip; stool > steul
daag > daog; voes > vuus; shoon > sheun

Stille geeft twee mogelijkheden bij:

houp > huip, houpe; zak > zek, zakke; rok > rök, rokke

1.6. Andere, onregelmatige meervoudsvormen

Een groot aantal woorden hebben een onregelmatige meervoudsvorm:

vloei > vlu; stad > stei; hood > heu; hoond > hun
poet > pu; gaank > geng; kamp > kem

Wie bovenstaand regelsysteem vergelijkt met de regels die Johan H. H. Houben beschrijft in zijn dissertatie *Het Dialect der Stad Maastricht* (1905) moet concluderen dat er sprake is van een zeer stabiel systeem. Ook vandaag de dag is het nog praktisch helemaal intact. Het aantal veranderingen is zeer klein. Dat het systeem in beweging is, blijkt uit het feit dat Stille hier en daar twee mogelijkheden geeft. Als we deze doubletten vergelijken met het *Woordenboek* van Endepols uit 1955, dan zien we dat Stille en Endepols op een tiental punten van elkaar verschillen en dat Endepols is 'opgeschoven' in de richting van het hedendaags Maastrichts.

2. De vorming van verkleinwoorden

De diminutiefuitgang *-je* (in: *weurtje*)komt voor het Maastichts reeds in het *Sermoen euver de Weurd* uit de 18e eeuw voor. Hij wordt ook genoemd door Guillaume D.L. Franquinet in zijn *Proeve over het Taal-eigen der Stad Maastricht* (1851-1852) en door Willems in zijn vertaling van de *Parabel van de Verloren Zoon* (1873). Uit het ontbreken ervan in de data van Stille kunnen we opmaken dat deze uitgang in de tweede helft van de 19de eeuw uit het Maastrichts is verdwenen. Ook Houben (1905) vermeldt *-je* niet meer. Stille geeft vier achtervoegsels *-ke, -eke, -sje en -ske*. Veel verkleinwoorden kregen umlaut of werden uitgesproken met een andere toon dan het grondwoord:

> *kas > keske; bal > belke; aap > eepke*
> *keend > kinneke; meule > meuleke; veule > veuleke*
> *leed > leedshe; stad > stedshe; stein > steinshe*
> *oug > uigske; jong > jungske; brök > brökske*

Wat opvalt is dat Stille een aantal verkleinwoorden geeft met *-sje*, waar we nu de voorkeur geven aan *-eke*:

> *hand > henshe; tand > tendshe*
> *hond > hun(d)she; mond > mun(d)she*
> *boen > buunshe*

Voor *hood / hoed* geeft hij slechts één verkleinwoord (*heudshe*), waar we nu ook nog *huudsje, huteke* en *heuteke* hebben.

Dit systeem functioneert nog steeds in het hedendaags Maastrichts. Het verlies van de uitgang *-je*, die voorkomt in dialecten in de onmiddellijke omgeving van Maastricht, is een indicatie dat het Maastrichts een aantal 'boerse' trekken heeft afgestoten. Dit geldt ook voor typisch Maastrichtse woorden als *zaajt, aajd* en *kaajd*, die door Franquinet in zijn *Proeve* nog worden genoemd als *zaaut, aaut* en *kaaut.*

3. De vervoeging van het werkwoord

De data over de vervoeging van werkwoorden in de Willems-enquête leveren zeer veel informatie op. De verleden tijd werd bij regelmatige werkwoorden (pp. 38 verso t/m 50 recto van het Maastricht cahier) zonder uitzondering gevormd door middel van de uitgang *-de*. Dit is ook thans nog het geval. Op de pagina's 29 verso t/m 39 recto geeft Willems een lijst van 313 werkwoorden, waarvan hij opmerkt dat zij 'in alle of in zekere dialecten sterk vervoegd worden'. Wat het Maastrichts betreft zien we dat 125 werkwoorden van deze lijst sterk vervoegd worden (inclusief *zetten* en *leggen*, die in het Standaardnederlands zwak zijn) en dat 188 werkwoorden een zwakke vervoeging hebben. Interessant is dat deze laatste groep 39 werkwoorden telt die in het Standaardnederlands sterk vervoegd worden, bijvoorbeeld:

> *zwumde ('zwom'); klumde ('klom'); ruukde ('rook')*
> *reide ('reed'); maagde ('mocht'); vraogde ('vroeg')*

Zowel Franquinet (1851-1852) als Houben (1905) geven korte lijstjes van zwak vervoegde werkwoorden. Als we echter kijken naar wat Endepols in zijn *Diksjenaer* (1955) over deze groep werkwoorden te zeggen heeft, dan zien we dat hij in 17 gevallen twee mogelijkheden geeft voor de verleden tijd, zowel zwak als sterk, bijvoorbeeld:

> *zwumde/zwóm; klumde/klóm; ruukde/rook,*
> *rijjde/ree; maagde/móch; vraogde/vroog,*
> *graofde/groof; shuifde/shoof; zeukde/zóch*

In 3 gevallen geeft Endepols alléén de sterke vorm: *zwol, bevool* ('beval') en *kós/kón* ('kon'). Op basis van deze data mogen we concluderen dat het Maastrichts zich hier, 70 jaar na de enquête Willems, in de richting van het Standaardnederlands aan het ontwikkelen is.

4. Het tegenwoordig deelwoord

In het hedendaags Maastrichts eindigt het niet-attributief gebruikt tegenwoordig deelwoord op *-entere*. Deze vorm (*loupentere*) treffen we reeds aan in de door Partouns in 1807 gemaakte vertaling van de *Parabel van de Verloren Zoon*. Ook Weustenraad schrijft *zingenteere* in zijn *Percessie van Scherpenheuvel*, een gedicht dat geschreven werd in de jaren 1840. In zijn *Proeve* (1851-1852) schrijft Franquinet ten onrechte dat de vorm op *-teren* uniek is voor het Maastrichts. Die fout herhaalt hij in een artikel in *De Maasgouw* (1879), waar hij drie uitgangen noemt: *-deerend*, *-teerend* en *-teere*: *slaopendeerend, slaopenteerend, slaopenteere*. Voor éénlettergrepige werkwoorden geeft hij een vorm op: *-enteerend*: bv. in *gaonenteerend, staonenteerend*. Deze vormen komen we niet allemaal meer tegen bij Breuls, die in zijn *Vademecum handelend over Maastrichts Dialect* (1914) weliswaar de uitgang *-enteere* noemt, maar ook opmerkt dat veel Maastrichtenaren vormen als *kuimende* en *brommende* gebruiken. Dat de beide vormen naast elkaar bestaan maar een andere distributie hebben, moet hem zijn ontgaan. In *Het Dialect der Stad Maastricht* (1905) geeft Houben de uitgang *-entere*, ook voor éénlettergrepige werkwoorden: *speulentere, gaonentere*.

In de enquête van Willems staan op pagina 52v°-53r° een tiental zinnen met een tegenwoordig deelwoord. In zijn vertaling maakt Stille onderscheid tussen het attributief gebruik (*haangende haore*) en het niet-attributief gebruik. In dit laatste geval gebruikt hij de vorm op *-eere: zingenteere, speulenteere, stamelenteere, sleipenteere* of (in het geval van éénlettergrepige werkwoorden) een vorm op *-de*: *gaonde*.

Het is jammer dat Willems hier niet meer data heeft opgevraagd. Het zou met name interessant zijn geweest als hij meer voorbeelden had gegeven van zinnen met éénlettergrepige werkwoorden. Dat deze vorm van het tegenwoordig deelwoord zich in het hedendaags Maastrichts nog steeds handhaaft, mag merkwaardig heten, aangezien er geen equivalent bestaat in de standaardtaal.

Conclusie

De door Stille in 1885 geleverde data stellen ons in staat om het Maastrichts van zijn tijd te vergelijken met het dialect zoals dat anno 2015 in de stad wordt gesproken. Natuurlijk laten dergelijke vergelijkingen zien dat er sprake is van verandering. Van radicale verandering is echter geen sprake. Integendeel, de meervoudsvorming van zelfstandige naamwoorden, de vorming van verkleinwoorden, de vorming van de verleden tijd van werkwoorden en van het tegenwoordig deelwoord werden in 1885 bepaald door regels die thans nog grotendeels intact blijken te zijn. Een vergelijking van de antwoorden van Stille met de *Diksjenaer* van Endepols uit 1955 levert een interessante 'tussenstand' op. Endepols laat zien dat het Maastrichts in beweging is en wel in de richting van het Standaardnederlands.

10. Het Leuvens dialect in 1885 en nu. Een poging tot vergelijking tussen het Willems-materiaal en het Leuvens Lexicon

Marcel Dujardin

In de *Nederduitsche Spraekkunst* (1858) van de hand van de Leuvense hoogleraar Jan Baptist David (1801-1866) lees ik: "de twee voornaamste middelen, om mijn gedachten aan andere mede te delen, zijn spraak en schrift. Anders gezegd, men spreekt zijn gedachten uit of men schrijft ze neer". Deze tekst is uiteraard omgezet naar hedendaags Nederlands. Niet omdat de oorspronkelijke, niet leesbaar of verstaanbaar is, maar omdat hij er heel anders uitziet. De taal, die men in 1858 gebruikte, klonk immers anders en werd anders geschreven. En dan heb ik het hier over wat men vandaag standaardtaal noemt.

Standaardnederlands is een taal. Een taal is iets dat leeft, dat evolueert, dat voortdurend verandert onder invloed van bv. andere talen, tijd, plaats, maatschappij, ... zoveel verschillende factoren waar men nauwelijks een lijstje van zou kunnen opstellen. Want een taal bestaat uit tal van registers en varianten, die onderling onvoldoende van elkaar verschillen om te besluiten dat ze niet bij elkaar zouden horen.

Wetenschappers gaan ervan uit dat er in onze wereld naar schatting 10.000 talen bestaan. Ze menen dat er per jaar tientallen daarvan of meer verdwijnen, samen met de cultuur waarvan ze deel uitmaken. Op termijn – tegen het einde van de 21e eeuw – zou de helft tot ca. 90% van de huidige talen kunnen uitgestorven zijn[1]. Aan dat geschatte aantal talen kan men de ontelbare dialecten (die in elkaar overvloeien of onafhankelijk verder leven op een eilandje) dan nog

1 BELEMANS 2008.

toevoegen. Een dialect is op zichzelf ook een taal, die leeft, evolueert, verandert enz., Het is volkstaal bij uitstek, maar ze wordt hoofdzakelijk gesproken en niet geschreven. Dialect is (of was?) het belangrijkste en vlotste communicatiemiddel binnen een bepaalde groep of lokale gemeenschap in al zijn mogelijke variaties. Dialecten hebben geen schrijftraditie; het zijn per definitie vooral spreektalen. Om dus een dialect op schrift te stellen, moeten de schrijvers ervan zich baseren op en behelpen met schrifttekens die ze uit een/hun standaardtaal kennen. Via aangepaste spellingregels trachten ze het woordbeeld op begrijpbare wijze voor de sprekers van het dialect in kwestie weer te geven. Dialecten zijn tevens het geheugen van een taal: ze reiken ons de meeste elementen aan om de geschiedenis van een taal te ontdekken of te herontdekken.

Een van de eerste enquêtes om zicht te krijgen op de dialecten van ons taalgebied werd opgezet door professor Pieter Willems, docent klassieke talen aan de Leuvense universiteit. Dat gebeurde in 1885. Hij verstuurde enkele honderden schriftjes naar evenveel correspondenten, waarin enkele tienduizenden Nederlandstalige woordvormen waren opgenomen. Hij verzocht zijn correspondenten om naast de opgave van het AN-woord het equivalent in hun eigen dialect op te schrijven. Ik kijk in deze bijdrage naar het onlangs teruggevonden Leuvense schriftje nummer 166 uit die omvangrijke enquête Willems en dat met de ogen van een hedendaagse dialectspreker (en -schrijver) van het Leuvens.

Het is zeker niet evident om uit de aantekeningen in het schriftje van Pieter Willems meteen op te maken hoe het Leuvens in 1885 uitgesproken werd. Nochtans laat een vergelijking met de spelling die de werkgroep van de *Academie voor het Leuvens Dialect* bij de realisatie van het *Leuvens Lexicon 2013*[2] hanteerde, ons vermoeden, dat de uitspraak van het Leuvens 130 jaar geleden, niet zo erg verschillend was van de huidige. Via een beperkt aantal steekproeven wil ik dat hierna illustreren.

Wat zeker opvalt, is het feit dat de woordreeksen die Willems naar zijn correspondenten stuurde uitsluitend Nederlandse woorden bevatten en bijvoorbeeld geen Franse. Dat verbaast omdat onze dialecten, zeker ook het Leuvens, toch veelvuldig uit de taal van de zuiderburen woorden geleend hebben. Het heeft te maken met het feit dat de enquête ondanks haar grote omvang helemaal niet de bedoeling had om woordenschatmateriaal voor de verschillende dialecten bijeen te brengen. Willems wou via zijn enquête vooral een vergelijkende studie maken over de klank- en vormaspecten van de dialecten in een

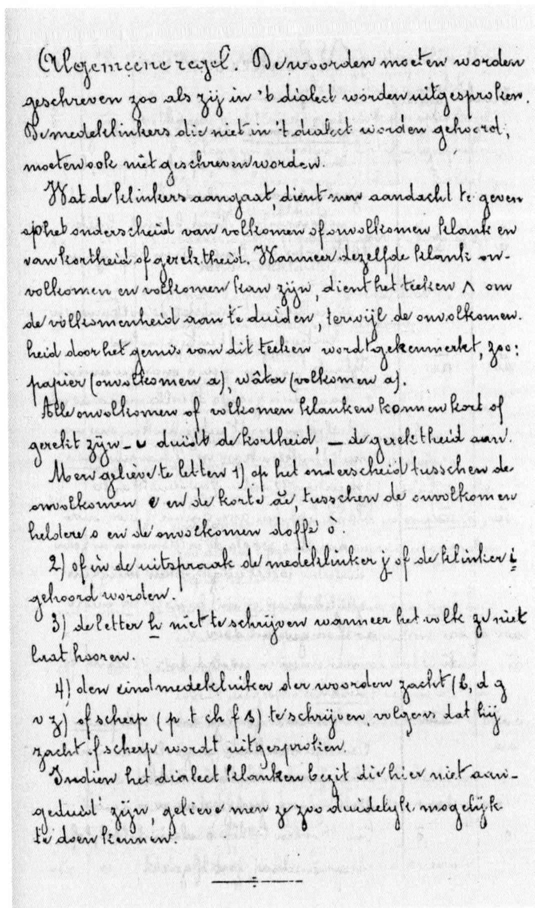
Algemeene regel. De woorden moeten worden geschreven zoo als zij in 't dialect worden uitgesproken. De medeklinkers die niet in 't dialect worden gehoord, moeten ook niet geschreven worden.

Wat de klinkers aangaat, dient men aandacht te geven op het onderscheid van volkomen of onvolkomen klank en van kortheid of gerektheid. Wanneer dezelfde klank onvolkomen en volkomen kan zijn, dient het teeken ^ om de volkomenheid aan te duiden, terwijl de onvolkomenheid door het gemis van dit teeken wordt gekenmerkt, zoo: papier (onvolkomen a), wâter (volkomen a).

Alle onvolkomen of volkomen klanken kunnen kort of gerekt zijn. ˘ duidt de kortheid, ‾ de gerektheid aan.

Men gelieve te letten 1) op het onderscheid tusschen de onvolkomen e en de korte ä, tusschen de onvolkomen heldere o en de onvolkomen doffe ò.

2) of in de uitspraak de medeklinker j of de klinker i gehoord worden.

3) de letter h niet te schrijven wanneer het volk ze niet laat hooren.

4) den eindmedeklinker der woorden zacht (b, d g v z) of scherp (p t ch f s) te schrijven, volgens dat hij zacht of scherp wordt uitgesproken.

Indien het dialect klanken bezit die hier niet aangeduid zijn, gelieve men ze zoo duidelijk mogelijk te doen kennen.

Afb. 49 – De eerste pagina van Willems' handgeschreven spellingsinstructies voor het invullen van de dialectenquête. (KANTL).

2 CUYPERS, DUJARDIN, E.A. 2013.

groot Zuidnederlands gebied. Met dat doel vroeg hij alleen 'inheemse' woorden op bij zijn informanten, die de klank- en vormkenmerken van hun dialect juist zoveel mogelijk zonder 'buitenlandse' invloed vanuit andere taalsystemen moesten weergeven. Daardoor zit er in zijn lijsten ook een weinig toegankelijk systeem van ordening op Westgermaanse vocalen en op uitgangen van afleidingen. De enquête is dus niet alfabetisch geordend. Soms vinden we een aantal woorden met dezelfde vocalen of dezelfde uitgang in een reeks na elkaar, gevolgd door een aantal woorden, die in de voorgaande reeks niet thuishoren. Het is daardoor geen sinecure om in een schriftje een woord gericht op te zoeken.

Om eenvormigheid te scheppen in het schrijven van de van het Nederlands afwijkende dialectklanken, gaf Willems bij het verzenden van zijn schriftjes, onderrichtingen mee. Het Leuvense enquêteschriftje dat ik hierna tegen het licht houdt, werd ingevuld door Karel Verschueren, een jonge Leuvenaar en een ambtenaar. Ondanks zijn gebrek aan enige taalkundige scholing, gebruikte hij bij het invullen van Willems' vragenlijst toch ook heel nauwgezet enkele diacritische tekens. Dat is dus het gevolg van zijn contentieuze toepassing van Willems' spellingsinstructies.

Willems stelde als algemene regel bij het noteren dat: "de woorden moeten worden geschreven zoals ze in het dialect worden uitgesproken". Hij geeft verder aan dat medeklinkers die niet worden uitgesproken ook niet worden geschreven. Een typisch voorbeeld daarvan, wat betreft het Leuvens, is de letter "h", zeker bij het begin van een woord. De woorden 'hamer' en 'hemel' bijvoorbeeld werden door Karel Verschueren als *oĕmẹr* en *eêmẹl* opgetekend. In de spelling die de *Academie voor het Leuvens Dialect* hanteert, worden – uiteraard – alleen accenten en diacritische tekens gebruikt die ook in de standaardtaal voorkomen, zodat ze een vlotte weergave in machineschrift toelaten. Wij schrijven nu dus *oomer* (of *oomel*) en *eimel*. Maar zowel toen als nu zonder 'h'.

Willems maakte een onderscheid tussen "volkomen" en "onvolkomen" klinkers; dus heldere klinkers en andere die "onvolkomen" worden uitgesproken, omdat dit verhinderd wordt door bijvoorbeeld een onmiddellijk erop volgende medeklinker. Als indicatie voor de volkomen klank, gebruikt Willems een "accent circonflexe" of dakje. Door het ontbreken van het dakje wordt in zijn dialectspelling de onvolkomenheid van de klinker aangeduid. Als voorbeeld gebruikt hij de AN-woorden *wâter* en *papier*; waarmee hij eigenlijk wil aangeven dat het over een palatale dan wel een velare klank gaat.

Uiteraard wil hij ook de aandacht vestigen op het onderscheid tussen korte en lange (hij gebruikt het woord "gerekte") klanken. Boven de kort klinkers (bijvoorbeeld De klanken in AN *pad* en *kom*) verschijnt steeds een een kort boogje met de opening naar boven: ˘ ; een lange of gerekte klank wordt aangeduid met een lang streepje of/en een dakje over twee lettertekens, zoals bijvoorbeeld een āā of éè. De toonloze e of sjwa wordt steevast aangeduid met een kort streepje onder de letter: ẹ. Met deze hulpmiddelen slaagde Verschueren erin om de klankwaarden van zijn Leuvense moedertaal vrij correct en onmiddellijk vatbaar weer te geven. Ook bij het neerschrijven van korte of lange diftongen maakte hij gebruik van deze diacritische tekens.

We weten natuurlijk niet met welke uitspraak van het Leuvens Karel Verschueren heeft rekening gehouden. Zowel Willems als hijzelf, moeten er zich van bewust geweest zijn dat het Leuvens dialect, i.e. de volkstaal in het gebied gelegen binnen de 2e stadsomwalling (de huidige ring), tot aan, laat ons zeggen, de Tweede Wereldoorlog diverse varianten had. Het Leuvens klonk anders in de benedenstad (met onderscheid tussen het dialect van St.-Jacob – St.-Geertrui (het platste Leuvens)), grosso modo de parochie van St.-Kwinten (slepend en met veel gerekte klanken) en ten slotte het gebied ongeveer gelegen tussen de Diestsestraat en de Tiensestraat: de Sint-Jozefsparochie. Daar was het Leuvens zeer sterk onderhevig aan de invloed van het Frans. Tussen of naast enkele volkse enclaves werden de herenhuizen in de grote straten bewoond door de Franstalige bourgeoisie van de stad.

Een aantal voorbeelden kunnen het relatief kleine onderscheid tussen de uitspraak zoals Verschueren ze anno 1885 weergaf met die van het huidige Leuvens illustreren. Hierna staan de afkortingen <u>CW</u> voor Cahier Willems, <u>NU</u> voor huidig Leuvens en <u>AN</u> voor Algemeen Nederlands.

<u>CW</u>	<u>NU</u>	<u>AN</u>
nẹn ăngkẹr	nen anker	een anker
nẹn ăppẹl	nen appel	een appel
nẹn bieënáâvẹr	nen bieënaaver	een beenhouwer
nẹn bráàvẹr	nen braaver	een brouwer
nẹn akkẹr	nen akker	een akker
nẹ măntẹl	ne mantel	een mantel
ẹn āār	en aar	een ei
ẹn bāār	en baar	een staaf
ẹn iffrāā	en iffra(a)	een juffrouw
nẹ pāā	ne paa	een pauw
nẹn bekkẹr	nen bèkker	een bakker
essẹnẹ	èssene	hersenen
ẹn egn	en èng	een eend
nẹ keldẹr	ne kelder	een kelder
nẹ metsẹr	ne mètser	een metselaar
ẹn pen	en pèn	een veder
nẹn bẹstẹl	nen bestel	een borstel
nẹ kẹstẹr	ne kester	een koster
nẹ wẹttẹl	ne wettel	een wortel
ẹn drippẹl	en dri(u)ppel	een borrel
nẹ mistẹr	ne mister	een meester
nẹn riddẹr	nen ridder	een ridder
nẹ sjippẹr	ne sjipper	een schipper
nẹ vignẹr (zie Fr. digne-signe)	ne vinger	een vinger
ẹn zistẹr	en zister	een zuster
ẹn lindẹ	en lingte	een lengte
nẹn bedriegẹr	nen bedrieger	een bedrieger
nẹn dievẹl	nen dievel	een duivel
nẹ sjietẹr	ne sjieter	een schutter
ẹ kiekẹ	e kieke	een kieken (kip)
ẹ brie	e brie	een broer
ẹ bieke	e bieke	een bijtje
ẹn dŏghtẹr	en dochter	een dochter
nẹ klŏnt	ne klont	een klont
ẹ kŏppẹl	e koppel	een koppel
ẹn mŏssẹl	en mossel	een mossel
nẹ zŏldẹr	ne zolder	een zolder
ẹn zŏndẹ	en zonde	een zonde
drōẹ	droë	drie
nẹ kōẹzer	ne koëzer	een keizer
nẹn ōẹstoel	oëssteul	slede
nẹ schrōẹvẹr	ne schroëver	een schrijver
vōẹf	voëf	vijf
ẹn wōẹ	en woë	een weide
nẹn rōẹẹtẹr	nen roeëter	een ruiter
nẹ stōẹẹvẹr	ne stoeëver	een stuiver
nẹ zōẹẹpẹr	ne zoeëper	een zuiper

De korte en lange uu-klank wordt in het Leuvens haast altijd ontrond en dat was ook in 1885 uiteraard al het geval:

CW	NU	AN
ẹn kiddẹ	en kidde	een kudde
nẹ mẹniet	ne meniet	een minuut

De au/ou- klank worden door Verschueren altijd als au geschreven, wat erop zou kunnen wijzen dat hij anno 1885 nog platter uitgesproken werd. Maar zeker kunnen we daar uiteraard niet over zijn. De ai en aai werden wel quasi zeker hetzelfde uitgesproken zoals vandaag nog.

CW	NU	AN
bautẹr	bouter	boter
nẹ kaugẹl	ne kougel	een kogel
nẹ mettẹkau	ne mèttekou	een aap
nẹ smaudẹr	ne smouder	een roker
nẹn taurẹ	nen toure	een toren
nẹ vaugẹl	ne vougel	een vogel
nẹ zaumẹr	ne zoumer	een zomer
nẹ vāāiānt	ne vaijand	een vijand

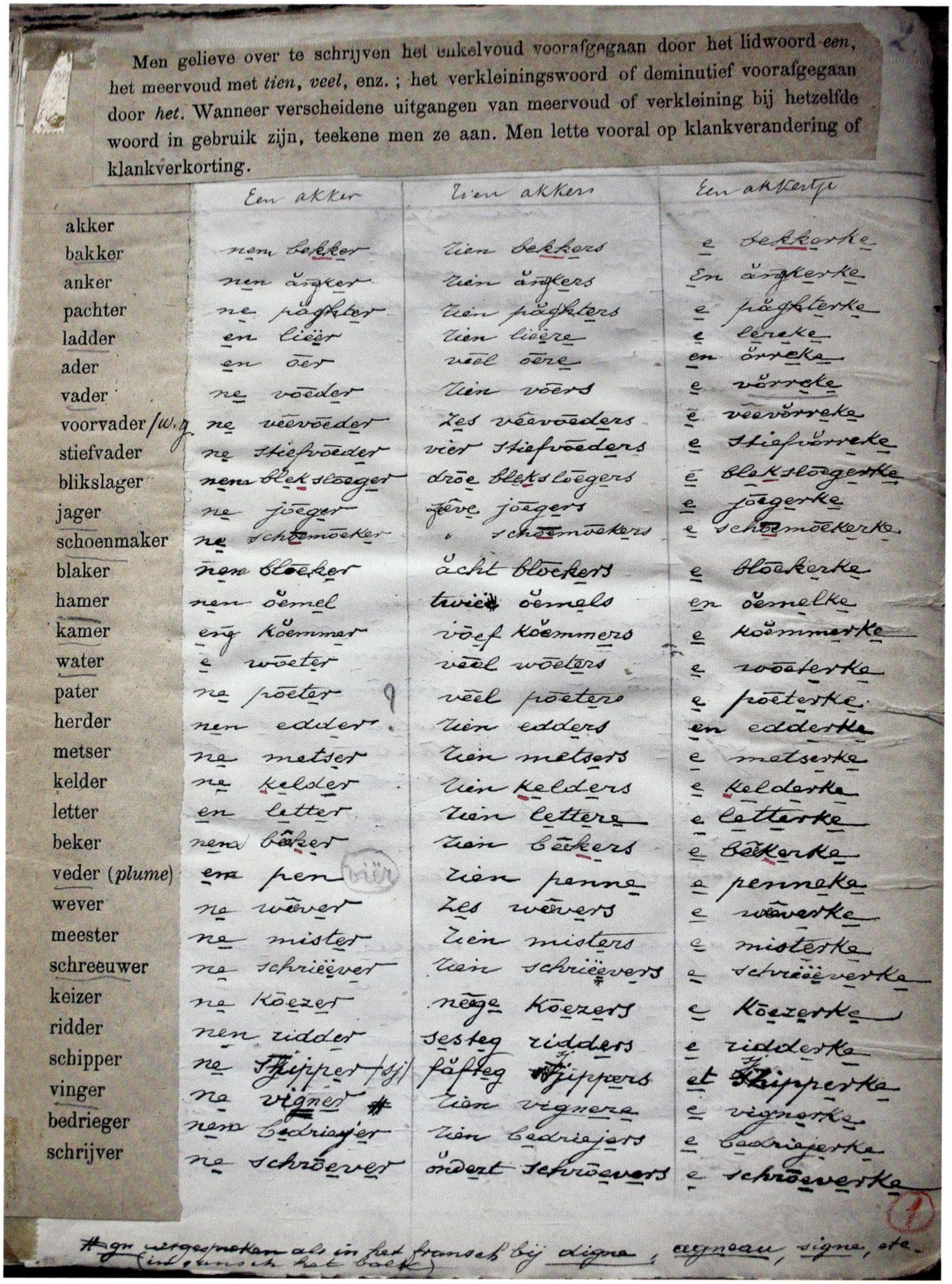

Men gelieve over te schrijven het enkelvoud voorafgegaan door het lidwoord *een*, het meervoud met *tien*, *veel*, enz. ; het verkleiningswoord of deminutief voorafgegaan door *het*. Wanneer verscheidene uitgangen van meervoud of verkleining bij hetzelfde woord in gebruik zijn, teekene men ze aan. Men lette vooral op klankverandering of klankverkorting.

	Een akker	Tien akkers	Een akkertje
akker			
bakker	nen bekker	tien bekkers	e bekkerke
anker	nen ängker	tien ängkers	En ängkerke
pachter	ne päghter	tien pägkters	e pägkterke
ladder	en lieër	tien lieëre	e lereke
ader	en oer	veel oere	en örreke
vader	ne voeder	tien voers	e vörreke
voorvader /w.g.	ne veevoeder	zes veevoeders	e veevörreke
stiefvader	ne stiefvoeder	vier stiefvoeders	e stiefvörreke
blikslager	nen blekslöeger	droe bleksloegers	e bleksloegerke
jager	ne joeger	zeve joegers	e joegerke
schoenmaker	ne schoemoeker	schoemoekers	e schoemoekerke
blaker	nen bloeker	ächt bloekers	e bloekerke
hamer	nen oemel	twieë oemels	en oemelke
kamer	eng koemmer	voef koemmers	e koemmerke
water	e woeter	veel woeters	e woeterke
pater	ne poeter	veel poeters	e poeterke
herder	nen edder	tien edders	en edderke
metser	ne metser	tien metsers	e metserke
kelder	ne kelder	tien kelders	e kelderke
letter	en letter	tien lettere	e letterke
beker	nen beeker	tien beekers	e beekerke
veder (*plume*)	en pen (viër)	tien penne	e penneke
wever	ne wever	zes wevers	e weverke
meester	ne mister	tien misters	e misterke
schreeuwer	ne schrieëver	tien schrieëvers	e schrieëverke
keizer	ne koezer	negen koezers	e koezerke
ridder	nen ridder	sesteg ridders	e ridderke
schipper	ne schipper (sj)	fäfteg schippers	et schipperke
vinger	ne vigner #	tien vignere	e vignerke
bedrieger	nen bedriejer	tien bedriejers	e bedriejerke
schrijver	ne schroever	ondert schroevers	e schroeverke

gn uitgesproken als in het fransch bij digne, agneau, signe, etc. (in plaats van het balk)

Afb. 50 – De eerste pagina van het door Karel Verschueren voor het dialect van Leuven ingevulde enquêteschriftje. (KANTL – foto: R. Belemans)

Sommige woorden die Verschueren met een volkomen lange éè aanduidde, worden vandaag als een ei gespeld:

nẹn āākréèkẹl	nen aakreikel	een krekel
nẹn béèkẹr	nen beiker	een beker
nẹ méèlẹ	ne meile	een molen
nẹ wéèvẹr	ne weiver	een wever

De klank āē moet vermoedelijk gelezen worden als een open korte of gerekte e, zoals in het Frans *mettre* of *fête*. Deze voorbeelden zijn van Willems zelf, en hij noemt het een "blatende e".

nẹ pāērẹl	ne pêrel	een parel
ẹ pjāēd	e pjêd	een paard
ẹ vāērẹkẹ	e vêrke	een varken

In talrijke woorden wordt door Verschurene nog een j geschreven en uitgesproken in plaats van de g. Terwijl dat in het hedendaagse Leuvens, op weinige uitzonderingen na, verdwenen is.

nẹ jillẹ	ne gi(u)lde	een gulden

Onderstaande woorden hebben in het AN een "volkomen", palatale a-klank. In het huidige Leuvens dialect worden zij met dubbele oo geschreven en ook lang uitgesproken. In het cahier van Willems worden ze geschreven met een lange oe-klank en dus in 1885 uitgesproken als de lange klank in AN boer, hoer, ploert. Dit is dus ook een voorbeeld van een duidelijke uitspraakverschuiving.

nẹn bleksl ōēgẹr	nen bleksloog er	een blikslager
nẹ jōēgẹr	ne jooger	een jager
ẹn mōēg	en moog	een maag
nẹ nōēgẹl	ne noogel	een nagel
nẹ pōētẹr	ne pooter	een pater
ẹn wōēfẹl	en woofel	een wafel

Bij de korte oe-klank vinden we doorgaans geen verschil tussen 1885 en nu; alhoewel het laatste voorbeeld toch ook weer verschilt:

nẹn ŏest	nen oest	een hoest
ẹ klŏestẹr	e kloester	een klooster
nẹn rŏestẹr	nen roester	een rooster
nẹ jŏeng	ne jung	een jongen

Bij het opstellen van deze summiere vergelijking tussen de opgaven van Verschueren en het recentste Leuvense dialectwoordenboek, werd in hoofdzaak rekening gehouden met de belangrijkste en meest voorkomende klanken in het Leuvens dialect. Deze bijdrage heeft dan ook geen enkele wetenschappelijke pretentie. Pieter Willems en zijn correspondenten beschikten nog niet over geluidsdragers. Ze moesten zich dus behelpen met de omweg van het geschreven woord en de voor dialectklanken ontoereikend uitgeruste Nederlandse spelling om klanknuances vast te leggen.

Toch kan men zich, zelfs op basis van heel beperkte voorbeeldreeksen zoals de bovenstaande, naar mijn bescheiden mening min of meer een idee vormen van hoe het Leuvens toen en nu gesproken werd en wordt. Tevens kan men eruit concluderen dat er geen hemeltergend groot verschil bestaat tussen het Leuvens van 1885 en dat van vandaag. De taal van het Leuvense Willems-cahier bevat voor de hedendaagse dialectsprekende Leuvenaar in alle geval zeer veel materiaal dat meteen als de eigen taal herkenbaar is.

Bilan & vooruitblik

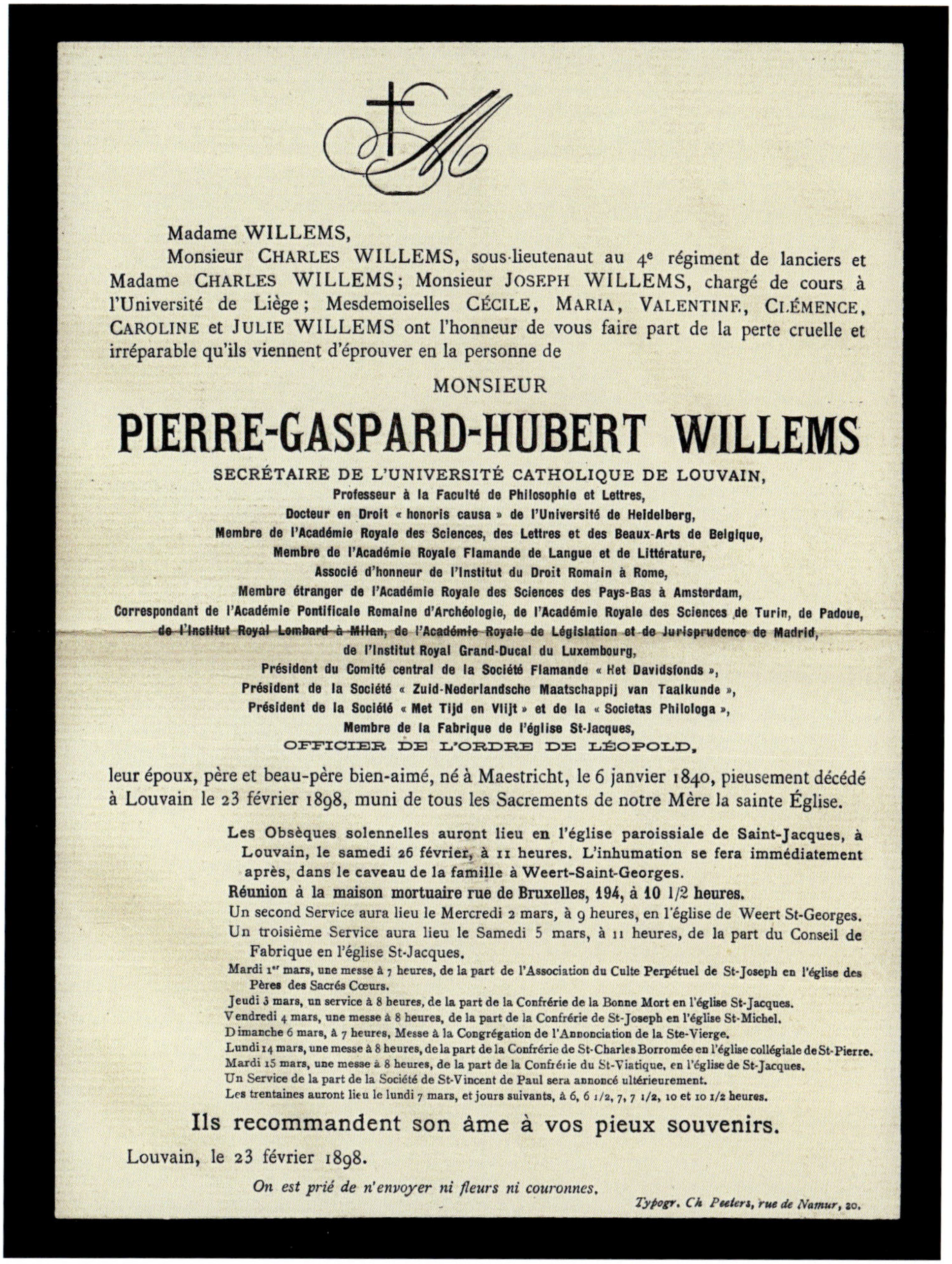

Madame WILLEMS,

Monsieur CHARLES WILLEMS, sous-lieutenaut au 4e régiment de lanciers et Madame CHARLES WILLEMS; Monsieur JOSEPH WILLEMS, chargé de cours à l'Université de Liège; Mesdemoiselles CÉCILE, MARIA, VALENTINE, CLÉMENCE, CAROLINE et JULIE WILLEMS ont l'honneur de vous faire part de la perte cruelle et irréparable qu'ils viennent d'éprouver en la personne de

MONSIEUR

PIERRE-GASPARD-HUBERT WILLEMS

SECRÉTAIRE DE L'UNIVERSITÉ CATHOLIQUE DE LOUVAIN,

Professeur à la Faculté de Philosophie et Lettres,
Docteur en Droit « honoris causa » de l'Université de Heidelberg,
Membre de l'Académie Royale des Sciences, des Lettres et des Beaux-Arts de Belgique,
Membre de l'Académie Royale Flamande de Langue et de Littérature,
Associé d'honneur de l'Institut du Droit Romain à Rome,
Membre étranger de l'Académie Royale des Sciences des Pays-Bas à Amsterdam,
Correspondant de l'Académie Pontificale Romaine d'Archéologie, de l'Académie Royale des Sciences de Turin, de Padoue, de l'Institut Royal Lombard à Milan, de l'Académie Royale de Législation et de Jurisprudence de Madrid, de l'Institut Royal Grand-Ducal du Luxembourg,
Président du Comité central de la Société Flamande « Het Davidsfonds »,
Président de la Société « Zuid-Nederlandsche Maatschappij van Taalkunde »,
Président de la Société « Met Tijd en Vlijt » et de la « Societas Philologa »,
Membre de la Fabrique de l'église St-Jacques,
OFFICIER DE L'ORDRE DE LÉOPOLD,

leur époux, père et beau-père bien-aimé, né à Maestricht, le 6 janvier 1840, pieusement décédé à Louvain le 23 février 1898, muni de tous les Sacrements de notre Mère la sainte Église.

Les Obsèques solennelles auront lieu en l'église paroissiale de Saint-Jacques, à Louvain, le samedi 26 février, à 11 heures. L'inhumation se fera immédiatement après, dans le caveau de la famille à Weert-Saint-Georges.

Réunion à la maison mortuaire rue de Bruxelles, 194, à 10 1/2 heures.

Un second Service aura lieu le Mercredi 2 mars, à 9 heures, en l'église de Weert St-Georges.

Un troisième Service aura lieu le Samedi 5 mars, à 11 heures, de la part du Conseil de Fabrique en l'église St-Jacques.

Mardi 1er mars, une messe à 7 heures, de la part de l'Association du Culte Perpétuel de St-Joseph en l'église des Pères des Sacrés Cœurs.
Jeudi 3 mars, un service à 8 heures, de la part de la Confrérie de la Bonne Mort en l'église St-Jacques.
Vendredi 4 mars, une messe à 8 heures, de la part de la Confrérie de St-Joseph en l'église St-Michel.
Dimanche 6 mars, à 7 heures, Messe à la Congrégation de l'Annonciation de la Ste-Vierge.
Lundi 14 mars, une messe à 8 heures, de la part de la Confrérie de St-Charles Borromée en l'église collégiale de St-Pierre.
Mardi 15 mars, une messe à 8 heures, de la part de la Confrérie du St-Viatique, en l'église de St-Jacques.
Un Service de la part de la Société de St-Vincent de Paul sera annoncé ultérieurement.
Les trentaines auront lieu le lundi 7 mars, et jours suivants, à 6, 6 1/2, 7, 7 1/2, 10 et 10 1/2 heures.

Ils recommandent son âme à vos pieux souvenirs.

Louvain, le 23 février 1898.

On est prié de n'envoyer ni fleurs ni couronnes.

Typogr. Ch. Peeters, rue de Namur, 20.

Afb. 51 – De rouwbrief van Pieter Willems. (Stadsarchief Leuven)

11. Pieter Willems (1840-1898): een 19de-eeuwse biografie als 21ste-eeuws erfgoed

Rob Belemans

Sporen uit het verleden die door een gemeenschap worden bewaard om via dynamische processen van betekenisgeving bij te dragen tot haar actuele identiteitsconstructie: dat zou een definitie van het – met name voor historici vaak nog wat onwennige – begrip 'erfgoed' kunnen zijn. Kan iemands biografie ook onder deze definitie vallen? Hetgeen in dit boek aan de orde gesteld wordt over het relatief korte leven van één persoon uit de tweede helft van de 19de eeuw vormt een mooie testcase voor die vraag. Behoort hetgeen Pieter Willems bij leven ondernomen en gerealiseerd heeft vandaag tot ons erfgoed? Om hier positief op te kunnen antwoorden, zou het dus zo moeten zijn dat we aan die biografie op een dynamische, veranderende manier betekenis willen geven. Dat lijkt me in de voorgaande bijdragen uitvoerig en op heel uiteenlopende manieren gedemonstreerd te zijn door een schare aan ter zake beslagen auteurs, die stuk voor stuk geïntrigeerd raakten door aspecten van Willems' boeiende, veelzijdige leven.

Maar de erfgoeddefinitie verwacht ook het bijdragen aan de identiteitsconstructie van een actuele gemeenschap als finaliteit van dat dynamische duidingsproces. In Willems' geval komen daar – geheel in de lijn van hoe hij geleefd en gewerkt heeft – meteen een heel aantal potentiële gemeenschappen voor in aanmerking: verenigingen en organisaties met belangstelling voor hun eigen verleden en voor hetgeen zich in hun biotoop meer dan 150 jaar afgespeeld heeft. Die historische interesse – ze is misschien typerend voor onze menselijke soort – cultiveren we niet in de eerste plaats om het verleden zelf, maar wel om beter te begrijpen wie wij vandaag zijn en waarom onze actuele levenscontext is zoals hij is. Mensen zoals Pieter Willems vormen daarbij stevige ankerpunten in een verleden tijd die stilaan volledig uit het collectieve geheugen gewist is. Biografieën zoals de zijne zijn in staat om ons opnieuw en beter te laten begrijpen hoe complex, niet helemaal zichtbaar en soms tegenstrijdig de verhoudingen en feiten destijds waren. Een dergelijk inzicht kan nuttig zijn voor wie vandaag iets beter wil begrijpen wie we zelf – collectief en individueel – zijn. Het veelzijdige leven dat Pieter Willems 58 jaar lang gestalte heeft gegeven, is als een vergeten spiegel, waar na lange tijd het stof wat afgeveegd wordt.

Het belangrijkste en mooiste aan Willems' levensverhaal lijkt me vooralsnog te zijn dat het met het herdenkingsproject 'De eerste Nederbelg herdacht'[1] en met dit SALSA!-cahier als het meest duurzame spoor daarvan absoluut nog niet gereconstrueerd en beschreven is. Veel blijft nog verder of voor het eerst te onderzoeken en kritisch te bevragen. Willems' correspondentie verdient het om – liefst samen met mogelijke brieven van zijn hand, die in archieven van zijn correspondenten kunnen bewaard gebleven zijn – kritisch bekeken en uitgegeven te worden. Zijn persoonlijke en professionele interactie met tijdgenoten in al die organisaties en verenigingen waarvoor hij van betekenis is geweest, kan nog uitgediept worden en zal sommige aspecten van zijn verhaal misschien in een ander, duidelijker daglicht stellen. Ik noem bij wijze van voorbeeld de namen van Pieter Paul Alberdingk Thijm, die in de schetsmatige benaderingen tot hiertoe alleen maar als rivaal naar voren treedt, of van Pol De Mont, Eduard Van Even en Joris Helleputte. Ze hadden allen gedurende lange tijd een intensief contact met Willems en kunnen vanuit hun biografie een beter licht op hem laten schijnen. Ook redelijk ondergeschikte, maar bijzondere aspecten van Willems' leven en *Nachleben* vragen erom apart uitgespit en bekend gemaakt te worden. Ik noem bij wijze van voorbeeld drie elementen uit verschillende stadia van zijn biografie. Vooreerst zijn er de bewaarde college-aantekeningen die de pas afgestudeerde doctor in de wijsbegeerte en letteren maakte tijdens zijn studieverblijf als Belgische bursaal aan de Sorbonne. Daarnaast is er het intrigerende feit dat Willems' naturalisatie tot Belg jaren na zijn definitieve vestiging in Leuven nog eens juridisch betwist werd met uiteindelijk een uitspraak door het Hof van Cassatie als eindresultaat. Tenslotte spreekt ook de manier tot de verbeelding waarop zijn (klein)kinderen en verdere nazaten officieel sinds 1930 een uitgebreide familienaam voeren: Willems de Laddersous[2].

Deze en vele andere, kleine en ook grotere episodes uit Willems' 58-jarige leven blijven uitnodigen om de veelzijdige sporen die samen zijn levensweg vormden niet opnieuw uit het oog te verliezen en intensiever te onderzoeken. Reeds in 2018 zou men de 120^{e} verjaardag van Willems' overlijden kunnen herdenken; in 2040 zijn 200ste geboortedag. Misschien kan dit bescheiden, maar het pad effenende SALSA!-cahier de aanzet en aanleiding vormen voor een echte biografie. Wie die handschoen opneemt, zal ongetwijfeld haar of zijn eigen leven zien veranderen, maar zal generatiegenoten ook de mogelijkheid bieden om in de weerspiegeling van Willems' leven hun eigen tijd en positie beter te begrijpen.

1 Misschien is dit ook de plaats om even in te gaan op de door menigeen al gemaakte opmerking, dat de in 1857 naar Leuven gekomen en in 1863 genaturaliseerde Maastrichtenaar Pieter Willems, toch helemaal niet als eerste Nederlander die nieuwe Belgisch-Nederlandse grens overgestoken is om zich in het nieuwe koninkrijk te vestigen. De uit het Limburgs Obbicht afkomstige Pieter Ecrevisse (1804-1879) bijvoorbeeld kwam al in 1839 naar Eeklo als nieuwe Belg. Waarom dan toch: "de eerste Nederbelg?" De oplossing doet wat 19de-eeuws aan. 'Eerste' moet hier immers begrepen worden volgens de laatste mogelijkheid die het *Woordenboek der Nederlandse Taal* onder het lemma 'eerst' vermeldt, namelijk als aanduiding voor het feit "dat eene zaak meer dan andere haar naam verdient, of dat eene kwalificatie bij uitstek van toepassing is." *Primus inter pares*: het past op vele manieren bij Pieter Willems.

2 Bij K.B. van 10 juni 1930 werd aan Pierre Willems (1913-1999), kleinzoon van Pieter, de toelating verleend om aan zijn naam "de Laddersous" toe te voegen. Dat was de familienaam van zijn Mechelse overovergrootmoeder, de grootmoeder van Pieters echtgenote Clémence Henot. Op 18 juli 1983 werd aan Pierre Willems ook adeldom verleend. Opmerkelijk is dat Pieter Willems' zoon, de Luikse hoogleraar Joseph, in 1908 zijn correspondentie met de KANTL aangaande het dialectmateriaal van zijn vader ook reeds ondertekende als "Jos. Willems de Laddersous". Op de rouwbrief van zijn moeder, Clémence Henot, uit 1907 is van de dubbelnaam echter nog geen spoor. In de veel recenter opgemaakte familiestamboom van Willems' nageslacht – tegenwoordig dus met wapenschild – worden alle kinderen van Pieter Willems en Clémence Henot als "Willems de Laddersous" aangeduid.

Bibliografie

Ongepubliceerde bronnen

Geschied- en Heemkundige Kring Oud-Heverlee

Fonds Paeps/Clabots

Parochiearchief Sint-Joris

Koninklijke Academie voor Taal en Letterkunde (KANTL)

Dialectmateriaal P. Willems

Koninklijke Bibliotheek van België

Penningkabinet: L 204/01

Privéarchief Pascal van Aerschot

Akten van verkoop van Biesenhof

Stadsarchief Leuven (SAL)

Modern Archief Leuven (1830-1976): 11366

Bouwvergunningen Leuven (1830-1976): Riddersstraat, Parkstraat, Van 't Sestichstraat

Bevolkingsregisters 1856, 1866, 1880, 1890.

Burgerlijke Stand

- Huwelijken 1867
- Overlijdens 1871, 1898
- Verzameling Rouwbrieven
- Verzameling Postkaarten

Regionaal Historisch Centrum Limburg te Maastricht (RHCL)

Volkstellingen Maastricht: 1816, 1850, 1860

Burgerlijke Stand in Limburg: Maastricht:

- Geboorten 1840

Huwelijken 1832

Overlijdens 1848

Archief Provinciaal Bestuur van Limburg: 5087, 5115, 5116,

Archief Ecole Secondaire, College en Koninklijk Atheneum (1804-1864) en Industrieschool (1848-1864) Maastricht: 349, 3611a, 362b, 363c, 364d, 400

Archief Onderwijsinstellingen van het "Derde" Rolduc – Mgr. Dr. Willem (Guillaume) Evers correspondentie: 1363 Prof. P. Willems 1885-1887

Archief Beurzenstichting Mathias Wijnants: 4, 32, 33, 37, 40, 42, 43, 107, 278, 244

Archief Parochie Sint-Servaas

Archief Parochie Onze-Lieve-Vrouw Maastricht

Collectie Van de Noordaa

Fotocollectie Gemeentearchief

Kadastrale minuutplans

Universiteitsarchief Heidelberg

Signatur F 2137-2 GROSS RES

Universiteitsarchief KU Leuven

Archief en Museum van het Vlaams Studentenleven

Archief Met Tijd en Vlijt: briefwisseling, reglementen, werkjes, verslagen van zittingenn, 1836-1895

Particuliere archieven en verzamelingen van personen en verenigingen die een band hebben met de universiteit

Archief Pieter Willems

Universiteitsarchief Louvain-La-Neuve

Collection des Manuscrits, CII-449

Gepubliceerde bronnen

Pers

De Maaspost,2008.

Journal des Petites Affiches, 1866-1900.

Le Courrier de la Meuse, 1851-1892.

Literatuur

AARTS 2002: F. Aarts, *Mestreechs. Eus Moojertaol*. Maastricht, 2002.

ADRESBOEK 1875: Adresboek van Maastricht en Wijk volgens officieële bronnen bewerkt, Maastricht, 1875.

Annuaire de l'Université Catholique de Louvain, Leuven, 1837-1974.

BELEMANS 2008: R. Belemans, Bedreigde talen als casus voor immaterieel erfgoedbeleid. Naar aanleiding van het Internationale Jaar van de Talen 2008. In: *faro | tijdschrift over cultureel erfgoed* 1 (2008) 1, pp. 50-55.

BIESEMANS 2006: L. Biesemans, *Rijkdom van stilte en rust. 800 jaar begijnen en karmelietessen van Onze Lieve Vrouw ten Troost te Vilvoorde,* Vilvoorde, 2006.

BLONDEN 1933: J.L. Blonden, *De straatnamen van Maastricht, die door den gemeentraad vanaf 1859 gegeven werden*. A.A.M. Stols, Maastricht, 1933.

BONNEFOND-COUDRY 1989: M. Bonnefond-Coudry, *Le sénat de la république romaine de la guerre d'Hannibal à Auguste: pratiques délibératives et prise de décision*, Rome, 1989.

BOS 1992: N. Bos, Lijst van Nederlands-Limburgers (1839-1845) die kozen voor de Belgische nationaliteit, in: *LTG* 20 (1992).

BREPOELS 2014 J. Brepoels, M. Carnier, e.a., *Straathistories. Leuvense buurten in woord & beeld. Het Nieuw Kwartier*, Leuven 2014.

BREULS 1914: C. Breuls, *Vademecum handelend over Maastrichtsch Dialect*. Maastricht, 1914.

BROK 1989: H. Brok, De dialectologische nalatenschap van P.H.G. Willems. in: *Taal en Tongval. Tijdschrift voor dialectologie.Themanummer 2,* Gent/Amsterdam, 1989, pp. 53-73.

BULLETIN 1898: Bulletin bibliographique du Musée belge, deel 2, Louvain, 1898.

CEUNEN 1997 : M. Ceunen, Jef Cuvelier en Camiel Huysmans 100 jaar later. Twee Bilzense pioniers. in: *Naamkunde* 29/3-4, 1997, pp. 217-239.

CUYPERS 2013 : R. Cuypers, M. Dujardin, e.a., *Leuvens Lexicon. Leives – Nederlands. Nederlands – Leives*. Leuven, 2013.

DE CEULENEER 1909: A. De Ceuleneer, *Pieter Willems, zijn leven en zijne werken*. in: Jaarboek van de Koninklijke Vlaamsche Academie voor Taal- en Letterkunde, Gent, 1909, pp. 212-337.

DE MARNIX DE SAINTE ALDEGONDE (2014): H. de marnix de sainte aldegonde & V. Goussencourt, État présent de la noblesse belge (volume WAU-Z), Brussel, 2014, p. 373-376.

DE MARTINO 1958-1972[2] : F. de Martino, *Storia della costituzione romana*, 2 volumes, Napels, 1958, 1972[2].

DE PAUW & GAILLARD 1889-1891: N. De Pauw & E. Gaillard, *Dit is die Istory van Troyen van Jacob van Maerlant naar het vijftiendeeuwsche handschrift van Wessel vande Loe. Met al de Middelnederlandsche fragmenten, diplomatisch uitgegeven*, 3 delen, Koninklijke Vlaamsche Academie voor Taal-en Letterkunde, 3e reeks, 7, 9, 11, Gent, 1889-1891.

DE ROOIJ 1989: J. De Rooij, Hoe betrouwbaar is Willems? Twee onderzoekjes. in: *Taal en Tongval. Tijdschrift voor dialectologie Themanummer 2,* Gent/Amsterdam, 1989, pp. 74-82.

DE SCHUTTER 1989: G. De Schutter, Presentatieve constructies in het Nederlands. Een vergelijking van RND en materiaal-Willems, in: *Taal en Tongval. Tijdschrift voor dialectologie. Themanummer 2,* Gent/Amsterdamn 1989, pp. 83-74.

DEVOS 1989: M. Devos, Het materiaal Willems als bron voor woordgeografisch onderzoek, in: *Taal en Tongval. Tijdschrift voor dialectologie. Themanummer 2,* Gent/Amsterdam, 1989, pp. 119-132.

P. DOPPLER 1939: P. Doppler, Lijst der kanunniken van het vrije Rijkskapittel van Sint Servaas te Maastricht (1050-1795), in: *PSHAL* 75 (1939),

ENDEPOLS 1955: H.J.E. Endepols, *Woordenboek of diksjenaer van 't Mestreechs*, Maastricht, 1955.

FRANQUINET 1851: G.D. Franquinet, Proeve over het taal-eigen der stad Maastricht I. in: *Archief voor Nederlandsche taalkunde*, 3, 1851-52, pp. 251-284 & 343-393.

GEVERS 1987: L. Gevers*, Bewogen jeugd. Ontstaan en ontwikkeling van de katholieke Vlaamse studentenbeweging (1830-1894),* Davidsfonds, Leuven, 1987.

GOEMANS 1936-1954: L. Goemans, *Leuvensch taaleigen, Woordenboek*, 2 delen. Koninklijke Vlaamse Academie voor Taal- en Letterkunde, Gent, 1936 & 1954.

GOOSSENS 1989: J. Goossens, Pieter Wilems en zijn dialectenquête, in: *Taal en Tongval. Tijdschrift voor dialectologie. Themanummer 2*, Gent/Amsterdam, 1989, pp. 5-15.

GOOSSENS - TAELDEMAN - WEIJNEN 1989: J. Goossens, J. Taeldeman, A.A. Weijnen (red.), Honderd jaar enquête Willems in:*Taal en Tongval. Tijdschrift voor dialectologie. Themanummer 2*, Gent/Amsterdam, 1989.

GOOSSENS & VAN KEYMEULEN 2006: J. Goossens & J. Van Keymeulen, Geschiedenis van de Nederlandse dialectstudie. In: *Handelingen van de Kon. Commissie voor Toponymie en Dialectologie* LXXVIII (2006), pp. 37-97.

HOUBEN 1905: J.H.H. Houben, *Het Dialect der Stad Maastricht*, Amsterdam, 1905.

KESSELS-VAN DER HEIJDE 2002: M. Kessels - Van der Heijde, *Maastricht, Maestricht, Mestreech* (= Maaslandse Monografieën 65), Hilversum, 2002.

LAMBRECHTS 1967: P. Lambrechts, De wet van 1890-91 en haar geestelijke achtergrond voor de Faculteit van Letteren en Wijsbegeerte, in: *Hoofdmomenten uit de ontwikkeling van de Gentse RUG (1817-1967)*, Extra-nummer De Brug (Gent, 1967), pp. 70-71.

LETTERVRUCHTEN 1892: *Lettervruchten van het taal- en letterlievend studentengenootschap der katholieke hoogeschool van Leuven, onder de kernspreuk "Met tijd en Vlijt", opgedragen aan hoogleeraar P. Willems, sedert vijf en twintig jaren Voorzitter van het genootschap,* 1892, Leuven.

MOROY 1899: R. Moroy, Hoogleeraar Pieter Willems. In: *Het Belfort* 14 Siffer, Gent, 1899, pp. 215-219.

MUSÉE BELGE: *Le Musée belge, revue de philologie classique*, Peeters, Leuven, 1897-1932.

NISSEN 1986: P. Nissen, *De akkoorden van het gemoed*. Stichting Rura, Roermond, 1986.

PFEIFFER 1982: R. Pfeiffer, *Die Klassische Philologie von Petrarca bis Mommsen. Aus dem Englischen übertragen von Marlene und Erwin Arnold*, München, 1982.

PUBLICATIONS (PSHAL): *Publications de la Société d'Archéologie dans le Duché de Limbourg, Maastricht, 1864-.*

ROMBAUTS 1998: W. Rombauts, Willems, Pieter, in: R. de Schryver, e.a. (red.), *Nieuwe Encyclopedie van de Vlaamse Beweging*. Tielt, 1998, deel 3, pp. 3751-3752.

SANDYS 1908: J. E. Sandys, *A History of Classical Scholarship. Volume II: From the Revival of Learning to the End of the Eighteenth Century in Italy, France, England and the Netherlands,* Cambridge, 1908.

SPRONCK 2009: L. Spronck, *Theodoor Weustenraad (1805-1849) en de 'Percessie van Scherpenheuvel'*, Hilversum, 2009.

TAELDEMAN 1989: J. Taeldeman, De waarde van het materiaal-Willems voor fonologisch onderzoek: een proeve. In: *Taal en Tongval. Tijdschrift voor dialectologie. Themanummer 2,* Gent/Amsterdam, 1989, pp. 29-52.

VANACKER 1989: V.F. Vanacker, Een syntaktische verkenning in het materiaal P. Willems, in *Taal en Tongval. Tijdschrift voor dialectologie. Themanummer 2*, Gent/Amsterdam, 1989, pp. 95-107.

VON WILAMOWITZ-MOELLENDORFF 1982: U. von Wilamowitz-Moellendorff, *History of Classical Scholarship. Translated from the German by Alan Harris. Edited with Introduction and Notes by Hugh Lloyd-Jones*, London 1982.

VOS 2011: P. Vos, *Oud-Gemerts Woordenboek (OGWB)*, Gemert, 2011.

WEIJNEN 1989: T. Weijnen, De invloed van P. Willems op de Nederlandse dialectologie, in: *Taal en Tongval. Tijdschrift voor dialectologie. Themanummer 2*, Gent/Amsterdam, 1989, pp. 16-28.

WEIJNEN 1991: A. Weijnen, *Vergelijkende klankleer van de Nederlandse dialecten*. 's-Gravenhage, 1991.

WELKENHUYSEN 1989: A. Welkenhuysen, Honderdtwintig jaar 'Zuid-Nederlandse', in: *Handelingen van de Kon. Zuid-Nederlandse Maatschappij voor Taal- en Letterkunde en Geschiedenis* 43, Mechelen 1989, pp. 427-437.

WINKLER 1874: J. Winkler, *Algemeen Nederduitsch en Friesch Dialecticon*, Den Haag, 1874.

Internetsites

Pierre Willems (1840-1898) in: odis – intermediaire structuren in Vlaanderen 19e-20e eeuw – www.odis.be/lnk/PS_14591

www.dbnl.org/arch/maer002npau01/pag/maer002npau_01

www.moedermartha.be/Paginas/stichteres- van-een-nieuwe orde.aspx

http://corpora.ctb.kantl.be/CPWNL

http://inventaris.onroerenderfgoed.be/dibe/relict/42246

Biogrammen van de auteurs

Flor Aarts (1934) is emeritus hoogleraar Engelse Taalkunde aan de Radboud Universiteit Nijmegen. Hij woont sinds 1994 weer in Maastricht en schrijft sindsdien over het 'Mestreechs', o.a. de studie '*Mestreechs Eus Moojertaol*', de meest complete beschrijving van de grammatica van het Maastrichter dialect.

Rob Belemans (1965) was van 1990 tot 2003 wetenschappelijk medewerker aan het Instituut voor Naamkunde en Dialectologie van de KU Leuven en promoveerde in 2009 tot doctor in de Germaanse Taal- en Letterkunde (KU Leuven). Hij werkt als stafmedewerker voor talig en immaterieel erfgoed bij FARO, het Vlaams steunpunt voor cultureel erfgoed. Sinds 2008 is hij voorzitter van de Deelraad Erfgoed van de Leuvense Cultuurraad.

Henk Boersma (1958) studeerde microbiologie (KU Nijmegen) en management (Nyenrode business universiteit). Publiceerde over genealogie en streekgeschiedenis (Eijsden en directe omgeving) met bijzondere belangstelling voor de 17de en 18de eeuw. Hij is sinds 2006 directeur van het Koninklijk Limburgs Geschied- en Oudheidkundig Genootschap (LGOG) te Maastricht.

Marika Ceunen (1965) is licentiate Geschiedenis (KU Leuven) en licentiate in de Archivistiek (KU Leuven). Sinds 1996 werkt ze als archivaris bij het stadsarchief van Leuven, waar ze sinds 2003 ook afdelingshoofd is. Zij publiceert regelmatig over diverse onderwerpen met betrekking tot de geschiedenis van Leuven.

Paul Coeckelbergh (1944) is Master Hedendaagse Geschiedenis van de UGent. Tot 1989 was hij leraar Geschiedenis in het secundair onderwijs en tot 2004 directeur van het Vormingscentrum Syntra AB Leuven (CMO). Sinds 2007 is hij voorzitter van de Cultuurraad Oud-Heverlee. Hij is stichter en sind 2010 voorzitter van de Geschied- en Heemkundige Kring Oud-Heverlee.

R.M. (Régis) de la Haye (1945) studeerde theologie en journalistiek in Frankrijk. Van 1970 tot 1979 was hij journalist bij *La Dépêche du Midi*. Vervolgens studeerde hij theologie (hoofdvak kerkgeschiedenis) aan de Universiteit voor Theologie en Pastoraat te Heerlen en promoveerde hij in 1995 aan de Katholieke Universiteit Nijmegen op het proefschrift *Apogée de Moissac*. Van 1980 tot 2010 was hij archivaris bij het Rijksarchief in Limburg, later Regionaal Historisch Centrum Limburg. Sinds 1996 is hij docent kerkgeschiedenis, kunstgeschiedenis en patristiek aan de opleidingen van het bisdom Roermond. In 1998 werd hij diaken gewijd in en is sindsdien verbonden aan de Basiliek van Onze-Lieve-Vrouw-'Sterre der Zee' te Maastricht.

Georges De Schutter (1940) was van 1963 tot 1970 wetenschappelijk medewerker aan de Rijksuniversiteit Gent. Bij de oprichting van de UIA werd hij aangesteld als docent Nederlandse Taalkunde. Hij bleef als hoogleraar en gewoon hoogleraar in de Nederlandse en Algemene Taalkunde verbonden aan de UIA tot eind september 2000. Van 1997 tot 2005 nam hij de functie van vast secretaris van de KANTL op zich, waar hij nog steeds meewerkt aan de digitalisering en online-ontsluiting van het dialectmateriaal van Pieter Willems.

Marcel Dujardin (1937) was beroepshalve verbonden aan de Rijksmiddelbare school Wilsele en het Koninklijk Atheneum Leuven. Hij heeft een passie voor de geschiedenis van zijn stad en voor het Leuvens dialect. Hij schreef een tiental kluchten en tal van verhalen in het Leuvens en was medeauteur van het *Leuvens Lexicon* (2013).

Jan Papy (1965) is doctor in de Klassieke Filologie en licentiaat Wijsbegeerte (KU Leuven). Als Gewoon Hoogleraar Latijnse Taal- en Letterkunde aan de Faculteit Letteren van de KU Leuven situeert zijn onderzoek zich in het domein van de Neolatijnse literatuur, de Geschiedenis van het Renaissancehumanisme, de Renaissancefilosofie en de universiteitsgeschiedenis. Hij is o.m. voorzitter van de Leuvense Onderzoekseenheid Latijnse Literatuurstudie, mede-uitgever van het internationale tijdschrift Humanistica Lovaniensia, en Voorzitter van de Koninklijke Zuidnederlandse Maatschappij voor Taal- en Letterkunde en Geschiedenis.

Willy Vandeweghe (1948) is doctor in de Letteren en Wijsbegeerte (groep Germaanse Filologie). Hij was tot 2009 hoogleraar aan het departement Vertaalkunde van de Hogeschool Gent, nu de vakgroep Vertalen, Tolken en Communicatie van de Universiteit Gent. Hij is sinds eind 2011 vast secretaris van de Koninklijke Academie voor Nederlandse Taal- en Letterkunde (KANTL).

PRINTED ON PERMANENT PAPER • IMPRIME SUR PAPIER PERMANENT • GEDRUKT OP DUURZAAM PAPIER - ISO 9706

N.V. PEETERS S.A., WAROTSTRAAT 50, B-3020 HERENT